JAGUAR

SO ALIVE,
躍動するその本能は、
操る者、あなたの声だけを聞く。

新しいジャガーF-TYPEは、あなたの声、それだけに耳を傾ける猛獣である。
ほんのわずかなアクションだけで十分。F-TYPEは、すぐに秘めたる実力を発揮するはず。
ダイナミックモードに切り替えれば、クルマ全体が直感的に反応。
8速クイックシフトATは瞬時にレスポンス。さらにエンジンは驚異的なパフォーマンスを実現します。
操る者のみが、ジャガーだけが創造できる、生きている実感に満ちた
ドライビングエクスペリエンスと一体となる。

ジャガー、"意思のある"ALIVEテクノロジーの詳細はこちら。

JAGUAR.COM/JP

HOW ALIVE ARE YOU?

●F-TYPE：2,994cc V6 DOHC スーパーチャージャー付、最高出力 340ps/6,500rpm ¥9,500,000（メーカー希望小売価格） ●F-TYPE V8 S：4,999cc V8 DOHC スーパーチャージャー付、最高出力 495ps/6,500rpm ¥12,500,000（メーカー希望小売価格） ●サイズ（両モデル共通）：全長4,470mm × 全幅1,925mm × 全高1,310mm
＊価格には保険料、税金（消費税を除く）及び登録に伴う諸費用は含まれておりません。＊実際の販売価格については、正規販売店までお問い合わせください。＊リサイクル料金が別途必要となります。＊写真はF-TYPE 5.0 V8 S。写真は日本仕様と細部で異なる場合があります。
カタログのご請求、お問い合わせはお気軽に：JAGUAR CALL 0120-050-689（土・日・祝を除く 9:00-18:00）　facebook.com/JaguarJapan　東京モーターショー2013 スペシャルページ：JaguarJapan.com/tms2013

MFU STYLING

BEST DRESSER STYLE BOOK 2013

ベストドレッサー・スタイルブック 2013

CONTENTS

05 BEST DRESSER AWARDS IN 2013
第42回ベストドレッサー賞受賞者インタビュー

- 07　政治部門　　　　　　安倍晋三《内閣総理大臣》
- 11　経済部門　　　　　　橋谷有造《アメリカンホーム保険会社社長兼CEO 日本における代表者》
- 15　学術・文化部門　　　百田尚樹《小説家・放送作家》
- 19　芸能部門　　　　　　夏木マリ
- 23　芸能部門　　　　　　堀北真希《女優》
- 27　芸能部門　　　　　　綾野 剛《俳優》
- 31　スポーツ部門　　　　佐藤琢磨《レーシングドライバー》
- 35　インターナショナル部門　草間彌生《前衛芸術家・小説家》
- 39　特別賞　　　　　　　滝川クリステル《フリーアナウンサー》

44　History of Best Dresser Awards　ベストドレッサー賞の歴史

47　SECIAL EDITION　カジュアルビズの新常識

54　2013年MFUを彩った人たち ―各受賞者一覧―

身にまとうことで感じる、オロビアンコの世界観。

「シンプル・優美・リアリティ・オリジナリティ」。これは1996年イタリアで設立されたファクトリーブランド〈オロビアンコ〉の世界観。これを表現するアパレルラインが〈Orobianco UOMO〉。「人は過去の経験から未来の人生をどう生きるかを学ぶ。ブランドの成長もまさに同じ」。と語るのは、CEOでありデザイナーのジャコモ・ヴァレンティーニ氏。スタートから17年、彼のデザインワークはバッグだけに留まらず、現在はステーショナリー、ゴルフ用品、時計、食品などにも拡がりをみせ、ライフスタイルブランドへと変貌している。特にアパレルについてはメイド・イン・ジャパンにこだわった。日本の素材、職人、技術を高く評価しているからだ。そんなジャコモ氏がコンダクターとなり、日本人デザイナーと共に日本の素材を使い、日本で縫製をした日伊合作のメンズウェアが〈Orobianco UOMO〉である。

OROBIANCO UOMO SHOP
LUSSOBIANCO

原宿アンテナショップ
新宿タカシマヤ
新宿マルイ本館
マルイシティ渋谷
ジェイアール名古屋タカシマヤ
阪急 MEN'S OSAKA
あべのハルカス 近鉄本店
藤崎 本店
博多阪急

RAGLUX SHINWA CO.,LTD
Tel. 052-931-4716

www.lussobianco.jp

Shinzo Abe

Yuzo Hiraka

Naoki Hyakuta

Mari Natsuki

Maki Horikita

Go Ayano

Takuma Sato

Yayoi Kusama

Christel Takigawa

AOKI

スーツを手がけて55年。
妥協のない技術を、
この一着に注ぎ込みました。

ANNIVERSAIRE

AOKIは創業半世紀の節目に、「アニヴェルセルスーツ」を世に送り出しました。
これは、スーツづくり50年の集大成であり、巧みの技を極めたメイドイン・ジャパンの逸品です。
その工場には、昔ながらのハンドミシンとアイロンがあるだけ。
しかしそこには、各工程ごとに、この道30年以上のキャリアを有する、
いわばマイスターとも言うべき大勢の熟練者たちが待ち構えています。
前工程の仕上りを厳しくチェックしながら引き継ぎ、つぎの技術者へと送りだしていく。
こうした日本の匠の技により、身体にみごとに追従する美しいシルエットと、
着る人に何も強要しない着心地の一着が生まれました。

●アニヴェルセル=記念日。ハレの日を、美しく記憶に刻んでいくスーツです。

おかげさまで創業55周年を迎えることができました。
今後も「ものづくり」へのこだわりを追求してまいります。

BEST DRESSER AWARDS IN 2013

政治部門

SHINZO ABE

Interview with SHINZO ABE

二度目のベストドレッサー賞受賞は「大変光栄です」

服装に関して気をつけるのは相手に不快感を与えないこと

二度目のベストドレッサー賞である。前回は2002年、小泉政権における内閣官房副長官として、連日、北朝鮮による日本人拉致問題解決のために尽力しているさなかだった。

それから11年の時を経て、自身を取り巻く環境も、日本の状況も大きく変わった。その間には最初の内閣総理大臣就任(2006〜2007年)、民主党への政権交代(2009年)、東日本大震災(2011年)を経験。そして2012年、自民党総裁として臨んだ衆議院議員選挙の結果、政権を奪回し、内閣総理大臣への再任を果たした。今は日本経済再生・成長を目指すアベノミクスをはじめとする、今後の日本を左右するような数々の重要な課題に力強く取り組んでいる。

そして今年、第96代内閣総理大臣としてのベストドレッサー賞。数少ない再受賞について感想をうかがうと、「大変光栄です」との答えが返ってきた。

現役の政治家、歴代首相のなかでも安倍総理の着こなしは卓越している。身長175センチ、体重70キロのすらりとした身体に、さり気なく上質なスーツを合わせるその出で立ちは、サミットなどで欧米の首脳と肩を並べても、堂々と日本の存在感を主張してくれる。

服装に関して普段から気をつけていることは何か? その問いに対する答えはシンプルだった。

「相手に不快感を与えないように気をつけています。服装に関して重要と思うことは、それだけですね。服装に関して重要と思うことは、それだけですね。服装に関して重要と思うことは、それだけですね。服装は第一印象を決める最も重要な要素だ。一国の総理であろうとも、服装についての基本認識は、一般のビジネスマンとさほど変わらないということのようだ。

前の受賞の時、"真の功労者は妻"と発言し、昭恵夫人の内助の功にもスポットライトが当たった。内閣総理大臣となった今も、服装については夫人のアドバイスによるところが大きいのだろうか?

「普段は自分で選んでいますが、ここ一番の時には、妻のアドバイスに従っています」

現在も総理の専属スタイリストは昭恵夫人ということに変わりはないようだ。

こだわりポイントはネクタイとワイシャツ Vゾーンがつくる安倍風の着こなし

安倍総理のスーツの着こなしは、オーソドックスなブリティッシュ風を基礎としている。最も頻繁に着ているのが濃紺の無地。次いでダークグレーの無地かピンストライプのものが多い。3つボタンも2つボタンも着こなすが、トレンドに合わせてか、最近は2つボタンに袖を通す回数が多くなっているようだ。

安倍総理がファッションに興味を持たれたのはいつごろのことなのだろうか。そのルーツ、きっかけについてうかがった。

「特にきっかけということはないのですが、ファッションに興味を持ち始めたのは大学時代のことです」

安倍総理が大学時代、第二次アイビーブーム全盛期。他の多くの若者と同様『VAN』や『KENT』、『テイジン・メンズショップ』などのアイビーショップに足繁く通ったという。特に学生時代に渡米した兄が、日本ではまだ貴重だった『ブルックス ブラザーズ』のネクタイを買ってきてくれた時は嬉しくて、みんなに見せびらかして回るほどだったという。

現在、ご本人が特に、服装のなかでこだわっているポイントは「こだわりがあるとすればネクタイとワイシャツでしょうか?」と答えた。

安倍総理がスーツの下に着るワイシャツは、多くの場合が白無地。そして襟が広く開いたワイドスプレッドカラーがお好みのようだ。ワイドスプレッドカラーは、今日の紳士服スタイルに大きな影響を与えた、英国のウインザー公が愛用した襟型で、現在のトレンドでもある。

もうひとつ、安倍総理を象徴するシャツとして、クレリックシャツがある。サックスブルーに白襟のクレリックシャツは総理によく似合い、若々しく爽やかな印象を放つ。

ネクタイはレジメンタル柄がお気に入りだが、ここにも特徴がある。普通のレジメンタルは右上がりのストライプだが、安倍総理の好むネクタイのなかには、左上がりのストライプもある。これは、『ブルックス ブラザーズ』などのアメリカ系ブランドに多く見られる柄だ。アメリカンタイプのレジメンタルを選ぶのは、お洒落に目覚めた若き日のアイビー好みの名残なのだろうか。また、ネクタイには必ずディンプルを入れるのも、最近の安倍総理のこだわりのひとつだ。

ちなみに、なかなかお目にかかることはないが、プライベートではもっぱら、「ポロシャツとジーンズ」というカジュアルスタイルを好んで着ているという。

発足後間もなく一年となる現在も、安倍内閣の支持率は高水準を保っている。堂々としてスタイリッシュ、そして強さと優しさを兼ね備えた安倍総理の姿勢と仕事が、国民の心を掴み続けているのだろう。

あべしんぞう／1954年生まれ。成蹊大学法学部卒業後、アメリカ留学を経て、1979年、株式会社神戸製鋼所入社。1982年より外務大臣秘書官に。1993年、衆議院議員初当選。2000年の森内閣で内閣官房副長官に就任し、2002年の小泉内閣まで務め、その間に北朝鮮による日本人拉致問題解決に尽力する。2003年～自由民主党幹事長、2005年～内閣官房長官を歴任し、2006年、第90代内閣総理大臣に就任。持病の悪化のため翌年辞任するも、2012年、自由民主党総裁に復帰。同年12月26日、第96代内閣総理大臣に就任して現在に至る。

感知する
グローバル
コンバーター。

帝人フロンティアは、常にお客様の期待を上まわります。

TEIJIN
Human Chemistry, Human Solutions

4つの強みを活かして、
帝人グループ素材をコアにした
あらゆる繊維のソリューション
ビジネスを展開します。

- 商品企画・提案機能
- 素材提案・調達機能
- 海外生産・供給機能
- 産業資材調達機能

価値を創造するグローバルコンバーター

帝人フロンティアは技術力と営業力を直結した集団。
感応するフロンティアマインドを持ち、市場の最前線でニーズを発掘し、
お客様の求めるソリューションをいち早く創出します。

帝人フロンティア株式会社　http://www2.teijin-frontier.com

本　社：〒541-8540 大阪府大阪市中央区南本町1丁目6番7号 帝人ビル　Tel.06-6266-8011　Fax.06-6244-1217　国内事業所：東京支社、名古屋支社、五泉支社（新潟）、北陸駐在所
海外拠点所在地：ニューヨーク、ポートランド、ロサンゼルス、バンコック、ハンブルグ、ロンドン、パリ、ヴェルチェッリ、香港、南通、上海、大連、青島、広州、ジャカルタ、ホーチミン、ビエンホア、ハノイ、マニラ、台北、ダッカ、ヤンゴン

BEST DRESSER AWARDS IN 2013
— 経済部門 —

YUZO HASHIYA

橋谷有造

《アメリカンホーム保険会社 社長兼CEO 日本における代表者》

撮影：石井文仁 [PRIMAL]
文：佐藤誠二朗

Interview with YUZO HASHIYA

エネルギッシュな経営者の顔と「気遣いの人」両面を併せ持つ橋谷有造のスタイルとは

ベストスコア68というプロ並みのゴルフの腕前を持つアメリカンホーム保険会社の橋谷CEOは、グレーのウールパンツに、ボタンダウンシャツとツイードのベスト、濃紺のジャケットを合わせたスマートカジュアルな出で立ちで登場した。引き締まった肉体と日焼けした顔は、健康的で力強い印象を放つ。

「ベストドレッサー賞をいただけるというのは、正直、驚きです。ベストドレッサーという意味が、"服だけではないということを、今回初めて知ることができました。服だけだったらたぶん受賞していないだろうような、なんて思いながら(笑)。企業活動と、頑張ってきた社員の成果がこういった形で現れたのかな、という勝手な想いはあります」。

自らの受賞を、社員の頑張りと結びつける細やかな心。エネルギッシュな経営者の顔とは裏腹に、その人柄を知る人が橋谷氏を「気遣いの人」と呼ぶ理由が垣間見られた。

会社では特別なことがない限り、完全にスマートカジュアルで通す。率先してポロシャツなどを着て、社員や取引先にもカジュアルな服装を薦める。

「リラックスした雰囲気で話ができる状況をつくるのは重要なことです。僕はお客さんの所へ行く時でも、特別な挨拶でない限りはネクタイをしません。もちろん、キチッとしなければいけない時もありますが、TPOによって臨機応変に考えていけばいいと思っています」

カジュアルなスタイルで、リラックスして話せる雰囲気をつくるということも、橋谷氏の気遣いの一環なのだろう。

2001年にコールセンター統括部長に就任し、大改革を行った。店舗や営業員を持たず、電話を通じて顧客と接する通信販売の業態は、効率論ばかりで顧客の本当の悩みが聞けないという側面があった。そのマイナス面を補うため橋谷氏が打ちだした方針は「時間を気にせずお客様のお話をとことん聞くこと」。効率を追い求めずに電話の向こうのお客様のために、何時間でも時間を使い、寄り添う。

2012年には、『ガンになったことがある方も入りやすい みんなのほすピタる』を発売開始。「ガン保険を心から必要としている方に安心していただける保険を作りたい」との社員の声に応え、橋谷氏は困難とも思えた商品開発を強力に後押しした。

また、この商品を多くの人に知ってもらうとともに、ガンを経験した人がまた前向きに人生を歩んでいくサポートがしたいという思いから『みんなのMAEMUKI駅伝』を開始。ガンを経験した人や、その家族、サポーターが1本のタスキをつないで日本一周するプロジェクトだ。第2回となる2013年は、10月17日に盛大なゴールイベントが東京スカイツリーにて行われた。奇しくもこの取材の前日がゴールイベントだった。

「昨日ですか? 本当によかったですよ。半年間、走ってきた甲斐がありました。僕が走り続けたわけではないけど(笑)。こうした活動は、1年や2年で評価できるものではないので、長期にわたってやり続けたいと思っています」

社会的な活動としてはほかに、女優の東ちづる氏が理事長として活動する一般社団法人『Get in touch』への協賛が大きい。さまざまな顧客の悩みや想いを受け止め、ひとりひとりとともにありたいと願う同社の想いと合致した『Get in touch』活動への参加は、単なる支援ではなく、社員がボランティアで活動するなど、ある意味企業とNPOの協業関係にある。

また、子供たちを支援するCSR活動も積極的に推進している。4年前から「キッザニア東京」に小児ガンと闘う子供たちとその家族を招待するイベント『アメリカンホーム・ダイレクト キッザニアナイト!』を開催。今年9月のイベントには、合計695人が参加した。

フロンティア精神で改革を断行した橋谷氏が次に目指す新たな地平

数々の改革を断行してきた橋谷氏の、次なる考えは何か。会社の変化の方向をたずねると、意外な答えが返ってきた。

「僕はもうちょっとで、CEOを引退しようと思っています。長くリーダーを続けた方で、一瞬は輝く方がいっぱいいますが、最初から最後まで素晴らしいリーダーシップを発揮した方は多くない。裸の王様になりたくない、というのが自分の最大のプライドです。それを失ったら、たぶん僕は……うん。ですから、これからは僕が3年間で教えた集大成を見ていきたいという思いです」

アメリカ留学中、バイクで大陸横断旅行をしたこともある橋谷氏。

「留学といってもまだ、学校も決まっていない時でした。ポッと行って、まずオートバイで西海岸から東海岸まで走ったんです。人からは『言うほど簡単じゃないよ』って言われましたが、なるほど、簡単じゃなかった。最後はお金がなくなって、ガソリンを入れるかチョコレート買うか迷ったり。でも楽しかった。いい経験です。もう二度とやりたくないけど(笑)」

アメリカの地で培ったフロンティア精神をいかんなく発揮し、会社を急成長させた橋谷氏。気遣いの心を内包した改革の男が、次に目指す新たな地平はどこなのだろうか。

企業活動と、頑張ってきた社員の成果がこういった形で現れたのかな、という勝手な想いはあります

はしやゆうぞう／1965年、東京生まれ。高校卒業後、米国の大学に留学。大学卒業後、現地の日系商社勤務を経て、1992年アメリカンホーム保険会社入社。コールセンター統括部長、スポンサーマーケティング本部長、マーケティング担当バイスプレジデントなどを経て、2010年4月、44歳で社長兼CEOに就任。ダイレクト系保険会社の肝といえるコールセンター改革の推進や、ガン経験者でも入りやすいガン保険の発売など、画期的ともいえる取組みに手腕を振るう。趣味はゴルフ。

この空に願う、未来――壮大な愛の物語。

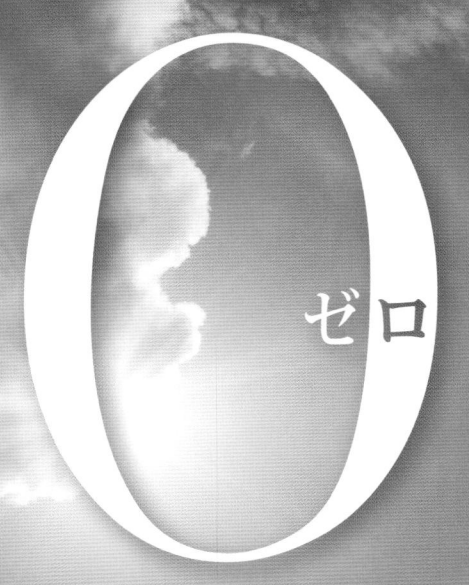

永遠の0
ゼロ

岡田准一　三浦春馬　井上真央

濱田岳　新井浩文　染谷将太　三浦貴大　上田竜也　吹石一恵／田中泯　山本學　風吹ジュン　平幹二朗　橋爪功　夏八木勲

原作：百田尚樹『永遠の0』(太田出版)　監督・VFX：山崎貴　脚本：山崎貴／林民夫　音楽：佐藤直紀
主題歌：サザンオールスターズ「蛍」(タイシタレーベル／ビクターエンタテインメント)
製作：「永遠の0」製作委員会　企画：アミューズ　制作プロダクション：ROBOT　VFXプロダクション：白組　制作協力：東宝映画 阿部秀司事務所　配給：東宝　© 2013「永遠の0」製作委員会　文部科学省【選定】

12.21 ROADSHOW
www.eienno-zero.jp

BEST DRESSER AWARDS IN 2013
── 学術・文化部門 ──

NAOKI HYAKUTA

百田尚樹

《小説家・放送作家》

撮影：石井文仁 [PRIMAL]
文：佐藤誠二朗

Interview with NAOKI HYAKUTA

男はファッションより仕事と生き様
こだわらないことが格好よさを生む

「受賞のことを周りの人に言ったら、『お前に最もふさわしくない賞や』って。もしかしたら、賞の権威を汚すんやないかと（笑）申し訳ない」

気さくな笑顔で、受賞の感想をユーモラスに語る作家・百田尚樹。その言葉とは裏腹に、堂々たる体躯で颯爽とブラックスーツを着こなす姿からは、大作家の風格が漂う。

25年間の平均視聴率20％という怪物番組『探偵！ナイトスクープ』のチーフ放送作家を務めていた2006年、50歳にして小説『永遠の0』を著し、鮮烈に文壇デビューして7年が経つ。作家として注目度が高まるにつれ、テレビのコメンテーターなど、メディアへの露出の機会も増えた。テレビ出演では、スーツにネクタイを着用していることが多い。

「若い時から、ネクタイなんてしたことがなかったんです。本当にだらしない、着の身着のままです。ずっと同じダンガリーのシャツを着ていました。着古していろいろなところが破れても平気で着ているような男やったんです。靴もボロボロのスニーカー。ですが本を書くようになって、いろんなテレビ局に呼ばれたりすると、『とりあえずスーツを着よう』と（笑）」

ファッションについてのこだわりはないというが、こだわらないことが逆に百田流の着こなしの法則を生む。

「男はファッションより仕事と生き様と思うんです。それさえきっちりしていれば、服装は見苦しくなく普通にしていればいいと。服装したみたいなもので目立ったりする個性を発揮したりするものではないと思ってる。スーツを着るというのも、21世紀のほとんどの作家が関心はあると思いますが、ほぼ

仕事の成果である売れ行きが
最大の関心事
書店員の評価が心に響いた今年

今や『永遠の0』は、文庫版の実売数が300万部を突破。2012年発表の『海賊とよばれた男』は、上下巻累計実売数150万部を突破するなど、出す本すべてが売れまくる当代一のベストセラー作家だ。

「小説を書き始めたのは50歳という年齢がきっかけです。それまで、テレビの仕事を一生懸命やってきたのですが、物足りないものも感じていました。そこがええところでもあるんですけど、テレビの仕事というのは、大勢で作っていくもの。一方で、自分ひとりで仕事してみたいという気持ちがずっとありました。小説というのはアタマからケツまで、全部僕ひとりでやるものですからね」

趣味は、自分の本の売れ行きランキングチェック。その真意をたずねると、テレビマンらしい答えが返ってきた。

「テレビはオンエアすると、翌日すぐに視聴率を見て、その番組が視聴者に受け入れられたかどうかを判断します。もちろん視聴率には関係なく、『ああ、いい番組つくったな』と思うこともありますけど、それは自己満足にすぎません。本の場合は、視聴率に相当するものが売れ行きです。だから、自分の本が何部売れているかということは、かなり関心があります。もちろん、ほ

自分の芸術性とか仕事に打ちこんだ。
その格好よさに魅かれます。

僕はもしかしたら、かなり露骨に気にしているかもしれませんね

12月に『永遠の0』の映画公開を控える。映画3作品目で、デビュー作の映画化だ。

「試写を見て、メチャメチャ感動しました。ボロ泣きしました。自分の作品が映画になる時は、書いたことの表現の違いが気になるものですが、『永遠の0』に関しては、そんなものはまったく気にならなかった。純粋に映画として楽しめた。非常に完成度の高い、いい映画です。公開が本当に楽しみですね」

デビュー作の映画化や初めての週刊誌連載小説スタートなど、さまざまなことがあった今年。自身で振り返ってみて、最大の出来事は本屋大賞の受賞だったという。

「7年間小説を書いて、賞にはまったく縁がなかったのですが、初めていただいた賞がとても大きな賞だったので非常に嬉しかったです。受賞式の時にはいらんこといっぱい言いましたけどね（笑）。『直木賞なんかよりずっとええ！』って（笑）。本屋大賞は、同業者が上から目線で選ぶ他の文学賞とは違い、全国の書店の皆さんが『今、読者に一番届けたい本』ということで選んでくれます。これは、素直に嬉しかったですね」

"男は仕事と生き様" と言い切り、うわべだけの格好よさを否定する氏にとって、読者に最も近い書店員からの評価は、心に響く大きな出来事だったのだ。

インタビュー後の撮影中、"プロ級の腕前" であるマジックを披露してくれた。手の中に握られたはずのボタンがすっと消えると、見ていた取材スタッフから驚きの声が上がった。

多くの人々の心を鷲摑みにする希代のストーリーテラーは、次はどんな種を仕込んでいるのだろうか。

ひゃくたなおき／1956年大阪府生まれ。同志社大学中退後、放送作家として人気番組『探偵!ナイトスクープ』『大発見!恐怖の法則』など人気番組の構成・脚本を多数担当。2006年、零戦乗りの特攻隊を描いた『永遠の0』で作家デビュー。2012年に発表した『海賊とよばれた男』で今年、本屋大賞を受賞。『モンスター』も最近ミリオンセラーに到達。その他の作品に、『ボックス!』『影法師』『風の中のマリア』『輝く夜』『夢を売る男』『幸福な生活』など。現在、『週刊新潮』に『フォルトゥナの瞳』を連載中。

美姿ダウン

細く見える、イオンのライトダウン

ÆON

TOPVALU COLLECTION

写真の商品は限定カラーです。一部取扱いの無い商品・店舗がございます。万一品切れの際はご容赦ください。

http://www.topvalucollection.jp/

BEST DRESSER AWARDS IN 2013
——— 芸能部門 ———
MARI NATSUKI

夏木マリ

撮影：HIRO KIMURA [FEMME]　スタイリング：亘つぐみ [angle]
ヘア：MATSUKAZ [3rd]　メイク：YOSHIYUKI WADA [SIGNO]
文：佐藤誠二朗

Interview with MARI NATSUKI

普段着はデニムとTシャツばかり でもドレスアップする時は 思い切りラグジュアリーに

「普段のファッションはカジュアル中心で、デニムとTシャツばかりです。でも、ドレスアップする時はソワレを着たりして、思い切りラグジュアリーにします。振り幅が大きくて、中途半端な出で立ちはあまり好きではないかもしれませんね。クローゼットに真ん中の洋服がないですから（笑）」

インタビューに先立って行われた撮影は、夏木マリワールド全開だった。映画『モロッコ』のマレーネ・ディートリッヒを連想させるようなマスキュリンスタイル。今はそんな気分なのだろうか？

「ファッションはどこか"外す"スタイルが好きなんです。女性がベストドレッサー賞をいただくだとなると、きっと女性らしくドレスアップをすると思うのですが、私なりのアプローチは何かと考えると、こういうマスキュリンなスタイルが合うと思いました」

1973年に「絹の靴下」でデビュー。妖艶な振りつけやフィンガーアクションが盛りこまれた同曲は大ヒットし、以降、歌手・夏木マリは70年代の歌姫として活躍する。歌手活動と並行し、俳優として映画、テレビドラマ、そして舞台で存在感のある演技を披露した。

また声優としてもスタジオジブリの作品『千と千尋の神隠し』で、湯婆婆／銭婆役を怪演するなど、八面六臂の活動を見せ続けているのだ。

2013年7月には、フジロックフェスティバルに出演。カスタマイズしたTシャツにショートパンツ、マント風の上着という

スタイルで、ロックなステージを披露した。フジロックで、ロックなステージを披露した。フジロックで唄ってみたかったと言う夏木さん。マルチな活動を続けるなかで、やはり一番大きいことは歌うことなのだろうか？

「その時によって気分は違いますが、今年は特に"歌う気分"満載でした。去年ロクマル（60）になりました。年齢は記号だと思っているので、あまり意識して生きていなかったのですが、さすがにロクマルはちょっと立ち止まってもいいかなと思っているので（笑）。それで、やり切れていないことは何かと考えたら、歌だったんです。いつもラッシュラッシュで生きているんです。いつもラッシュラッシュで生きているので、歌を再び唄い始めようという思いがありました」

1993年から演出・主演を続けているコンセプチュアル・アートシアター『印象派』についてもうかがった。演劇ともパフォーマンスともいえる、ジャンルを超えた"自分探しの舞台"に、20年間全身全霊で打ちこんだ今、どのような境地に至っているのだろうか？

「私は『印象派』を続けていることによって、すごくいろいろなことを教えられました。自分発信の『印象派』の舞台を創るのはとても大変ですけど、続けていることによって私のアイデンティティは保たれている。そういう存在ですね。私はあまり器用なほうではないので、仕事のことで悩んだ時、『印象派』のことを考えると落ち着いて、気持ちを整理できます。他の仕事が忙しくて、考えたら5年もやっていなかったんですが、来年は再び創ろうと思って、それに向かってまたブラッシュアップしているところです。とても楽しみですね」

> 中途半端な出で立ちは
> あまり好きではないかもしれませんね。
> クローゼットに真ん中の
> 洋服がないですから

途上国支援活動、ウェブマガジン編集長 ますます活動の場が広がる

2009年、途上国の働く女性と子供たちに未来の仕事を贈る目的で、『one of Love プロジェクト』と名付けた支援活動を始めた。この活動に込めた思いは？

「あるきっかけでエチオピアに行くようになって初めて、この国が貧困からの脱出のために、バラの輸出に取り組んでいることを知りました。何回か行き来しているうちに、友人たちに土産話で『バラの花作りを頑張っている国なのよ』とか、『子供たちは教育を受けられなくて、女性も働くところがなくて大変なのよ』と話題にしていたら、自然と『私たちもそろそろ人のために生きる年頃だ』という話に発展して、プロジェクトを始めることになったのです。活動としては、"世界音楽の日"である6月21日に毎年GIGを決行、後は年間を通してバラを買っていただく。その収益を合わせて、途上国を支援します。今はエチオピアから支援をしていて、たまたま最初に出合った国なので、今はエチオピアから支援をしているという状況ですね」

最初の2010年には、エチオピアにPCを贈った。しかし2年目の2011年、東日本大震災が発生するとエチオピアの支援先からメールで「僕たちはいらないから、東北の人を支援して」という連絡を受けて、東北の人を支援したという。とても感動したという。

2013年には自身が編集長を務める、マチュレーションガール（成熟し、子供心を併せ持つ輝く女性）をテーマにしたライフスタイルウェブマガジンもスタート。活動の場はさらに広がる。突入した夏木マリさんのラッシュな生き方から、ますます目が離せなくなりそうだ。

なつきまり／1973年歌手デビュー。'80年代から演劇にも活動の場を広げ、芸術選奨文部大臣新人賞などを受賞。1993年からコンセプチュアルアートシアター『印象派』で、身体能力を極めた芸術表現を確立。2009年、バラと音楽の支援活動団体『One of Love プロジェクト』を設立。2012年、NHK連続テレビ小説『カーネーション』で晩年のヒロインを好演。本年、エッセイ『私たちは美しさを見つけるために生まれてきた』(幻冬舎)を出版。夏フェスへの出演、ライブ開催など勢力的な音楽活動で反響を呼び、さらに『夏木マリ 丈夫も芸のうち』(NHKラジオ第1 毎週火曜 20:05〜20:55)ではパーソナリティ、WEBマガジン『NATSUKI ROCK』natsukirock.com では編集長を務めるなど、多方面で幅広く活動。2013年11月より音楽トーク番組『夏木スタイル One of Love』(TOKYO MX)がスタート。2014年1月5日よりBSプレミアムドラマ『花咲くあした』(毎週日曜 22:00-22:49)、1月9日よりCX『医龍4』(毎週木曜 22:00-22:54)に出演。

ジャケット￥344,400、パンツ￥158,550(ともにヴィクトリア・ベッカム／ステディ スタディ)、シューズ￥256,200(セルジオ・ロッシ／セルジオ・ロッシ)、その他(スタイリスト私物)

問い合わせ先 ステディ スタディ☎03・5469・7110、セルジオ・ロッシ カスタマーサービス☎0570・016600

90th LOVE RINGS
絆をつむいで90年

Shall we smile?

あなたに最愛のときめきを。

TAKAMI BRIDAL
since 1923

AOYAMA	03-3498-2222	YOKOHAMA	045-225-0077	NAGANO	026-219-2777	NAGOYA	052-959-2777
KYOTO	075-351-7722	OSAKA	06-6342-7777	KOBE	078-333-7873	FUKUOKA	092-711-7722
AMESSA omotesando	03-5464-2727	AMESSA kyoto	075-706-7706	GRANBELLEZZA	022-721-2772

http://costume.takami-bridal.com

BEST DRESSER AWARDS IN 2013
―― 芸能部門 ――

MAKI HORIKITA

堀北真希

《女優》

撮影：木村琢也
スタイリング：乾 千恵　ヘアメイク：SAKURA
文：佐藤玲美

Interview with MAKI HORIKITA

ENTERTAINMENT

ファッションとは着ている本人だけでなく周りまで幸せにする力を持っているもの

「こういった賞をいただけることはとても嬉しいです。自分にとってファッションは、気持ちが明るく楽しくなるもの。また、ファッションを楽しむことで自分だけでなく、その姿を見ている周りも幸せにする力があるものだと思います」とベストドレッサー受賞の思いを語ってくれた堀北さん。

2005年10月に放送されたドラマ『野ブタ。をプロデュース』の大ヒット以来、女優として目覚ましい活躍を遂げてきた実力派。2012年にはNHK連続テレビ小説『梅ちゃん先生』でヒロインを演じ、同年の『第63回NHK紅白歌合戦』の司会にも起用されお茶の間には欠かせない存在になった。現在はフジテレビ系ドラマ『ミス・パイロット』で主人公、手塚晴役を熱演中。

「パイロットというと男性のイメージが強く、私もこのお話をいただくまでは女性パイロットがいることを知りませんでした。今回、演じるにあたってANAで副操縦士をされている女性とお会いしていろいろお話を聞く機会があったんです。その職業に携わっている人の立ち居振る舞いやお話は役を演じるうえで大変参考になりました。実際に女性がパイロットの制服を着ている姿もとてもかっこよかったですね。私も今回パイロットの制服を着せていただいていますが、私にとって、衣装とは自分自身から役へと気持ちを切り替えるためのもの。役に合わせてメイクをして衣装に着替えているうちに自然と気持ちが切り替わっていくんです。今まで映画、ドラマ、舞台とさまざま

理想の女性像は周りにも自分のことにも気を配れる女性

な役を演じてきた堀北さんが感じている女優という職業の魅力とは。

「さまざまな人の人生を役柄のなかで生きられるということですね。自分では経験できないような人生をお仕事のなかで生きられるということは毎回新鮮です」

堀北さん自身のパーソナルな部分が垣間見える仕事の際の衣装選びも興味深い。

「基本的には、スタイリストさんに出演する番組のテーマや内容に沿って衣装を多めに持ってきていただいて、そのなかから実際に試着してみて相談しながら決めていくことが多いですね。そうすることで客観的な意見を取り入れながら決めることもできると思います」

ファッションも楽しみながら内面から輝ける女性が理想です

最近ではファッション誌などの表紙を飾る機会も多く、そのスタイリングは同年代を中心に女性達のお手本にもなっている。

「洋服を買いに行くのは六本木、表参道、代官山など。買う時は必ず試着をするようにしています。試着をすることで自分の体型に合うかどうかや、着心地などをチェックしています。プライベートではシンプルで落ち着いたカラーの服を選びがち。その分、小物使いでアクセントをつけています。胸元がさみしい時は大ぶりのネックレスをつけたりバッグや靴などの小物をポイントに取り入れるようにしています」

ファッションを楽しむには自身の体型維持も不可欠。そこで、堀北さんの体型維持の方法を聞いてみた。

「うちには体重計を置いていないんで

す。体重の増減に振り回されるよりもヘルシーな食生活やライフスタイルを心がけることのほうが大切だと思います。規則正しい毎日を送るように心がければダイエットする必要もありません。普段は、野菜や果物を多くとる食生活を心がけています。時間がある時は自炊もします。自宅では、DVDを観ながらスープなどをよく作ります」

「DVDなどを観る時は、演技の勉強などではなく単純に観客として作品に向き合っています。観客としての感覚を掴むことで自分自身が演じる時の参考にもなります」

来年の2月からは舞台『9days Queen』で主役、ジェーン・グレイを演じることが決定している堀北さん。主演舞台は前回の『ジャンヌ・ダルク』以来3年ぶりとなるそう。

「前回の舞台がとても楽しかったので、今回もとても楽しみにしています。ジェーン・グレイは運命に翻弄された実在の女性。今は舞台に備えて本などを読みながら気分を高めています。悲しい人生を歩んだ女性の物語ですが、限られた時間のなかで一生懸命生きた姿を演じられたら女優として、ひとりの女性として、いいなと思います」

堀北さんの今後の目標を聞いてみた。

「ひとつひとつの作品に対して自分が伝えたい思いを明確にしながら大切に取り組んでいけたらいいなと思います。理想の女性像は自分のことにも周りにも気を配れる女性。ひとりの女性としては、維持されるような女性。ファッションはもちろん内面から輝ける存在になっていけたらいいなと思います」

ほりきたまき／1988年10月6日、東京都生まれ。B型。映画『ALWAYS 三丁目の夕日』では、ヨコハマ映画祭 最優秀新人賞、エランドール賞新人賞、第29回日本アカデミー賞新人俳優賞など賞を総なめに。その後も『花ざかりの君たちへ〜イケメン♂パラダイス〜』『梅ちゃん先生』などヒット作に出演。現在は主演フジテレビ系ドラマ『ミス・パイロット』が放送中。12月には主演を務めた映画『麦子さんと』の公開も控えている。来年2月には舞台『9days Queen』の主役ジェーン・グレイを演じることも決定している。公式HP http://www.horikita-collection.com/

Fastening Products Group

UNZIP STYLE

YKK
Little Parts. Big Difference.
www.ykkfastening.com
「YKK」、「YKK Little Parts. Big Difference.」はYKK株式会社の商標登録です。

BEST DRESSER AWARDS IN 2013
——— 芸能部門 ———

GO AYANO

綾野 剛
《俳優》

撮影：石井文仁 [PRIMAL]
スタイリング：澤田石和寛　ヘアメイク：石邑麻由
文：佐藤誠二朗

Interview with GO AYANO

ENTERTAINMENT

役者として日に日に増していく存在感
素の自分には興味がないと言い切る

昨今の活躍ぶりは凄まじいものがある。今年は連続ドラマ『最高の離婚』をはじめ、映画『横道世之介』『空飛ぶ広報室』『ガッチャマン』『夏の終り』『シャニダールの花』に出演。来年1月から連続ドラマ、そして春には2本の出演映画の公開が控えている。独特の雰囲気を持つ実力派俳優として、その存在感が日に日に増していく。まずはベストドレッサー賞受賞の感想をうかがった。

「光栄です。なかなか自分のことを客観的に見る機会はないですから、こういうひとつの評価をいただいたことは、本当に光栄です」

ファッションセンスのよさには定評がある。普段の洋服選びは何を基準にしているのだろうか。

「服は生地で選びます。あとは裁断。もちろんデザインも大事なんですけど、僕の判断基準はまず生地と裁断ですね。そこにデザイナーの思想がすごく出ると思います。買い物に行っても、並んでいる洋服をぱっと触って、この生地はいいなと思うと、試着せず買います。洋服との関係性ってそれくらいラフなのがちょうどいいような気もするんです」

2003年に俳優デビュー。俳優業だけにとどまらず、音楽活動をしたり、CDジャケットや衣装のデザインをしたりと、そのマルチな才能にも注目が集まる。だが、本業はあくまで俳優。以前にあるインタビューでは、綾野剛という素の個人にとどまらず、

綾野剛という個人の存在は、 枷みたいなもの

人として評価されるより、「作品で評価されたい」「役名で呼ばれたい」と言い切った。俳優として、素の自分が見られるのは避けたいという気持ちを持っているかのように見える。

「そのとおりです。できれば取材、番宣は極力、控えたほうがいいと思うことがあります。うまく言えないですけど、"綾野剛"という人はあくまで裏方で、役がん出演するので、男臭くて素晴らしいドラマになっていると思います」

そして春には映画『白ゆき姫殺人事件』（井上真央主演）、そして主演の映画『そこのみにて光輝く』が公開される。『そこのみにて光輝く』の内容についてうかがった。

「R15指定の映画です。僕は、自分の判断のせいで部下を死なせてしまい、仕事が手につかなくなり、飲んだくれて毎日パチンコばかりやっているような男の役柄です。非常に激しい性描写のシーンもある映画なので、是非、体調を整えたうえで観ていただいたほうがいいですね。観終わって、無言になるタイプの映画というのでしょうか……。作り手側がお客さんを選んでいるような映画なので、マイノリティという枠で捉えられてしまうかもしれませんが、やはりこういう作品は必要だと僕は思います。こういう作品が何かのきっかけでマジョリティの目にもとまり、サブカルチャーとカルチャーが曖昧になる状態になっていくことが、本来あるべき姿だと僕はずっと思っています」

サブカルチャーとカルチャーが
曖昧になる状態になっていくことが
本来あるべき姿だと思う

一見クールに見えるが、一旦話し始めると言葉がよどみなく流れでる。撮影中も常にスタッフに気を配り、静かな雰囲気の裏に秘めた、人としての温かみが感じられる。

映画やドラマの撮影で多忙な毎日。今、もし丸一日、丸一週間、丸一カ月時間が空いたら何をやりたいかと質問した時、その心の一端が垣間見えた。

「その時に会いたいと思っている人に、会いに行きます。地方ロケでお世話になってすから、一日の休みだったら、前に撮影をしたそれ以来会ってない人たちもたくさんいますから、一週間あれば、東京の友人。地方ロケって、誰かに会えば一カ月あったら、10都道府県ぐらい巡りますかね。結局、人ですからね、人生は」

2014年1月からはTBSドラマ『S―最後の警官』が始まる。

『S―最後の警官』は主演の向井君は、犯人は必ず生きて捕えるという思想。僕は犯人を殺してしまう人を殺された過去を持っているという設定で、抱えている闇は一緒なのですけど、それでも守るべきか、殺すべきか、考えが分かれるんです。重厚な役者がたくさん出演するので、男臭くて素晴らしいドラマになっていると思います」

『S―最後の警官』はSATの役です。主演の向井君は、犯人は必ず生きて捕まえたいというやはり出演した作品の話をする時が一番、饒舌になり目が輝く。根っからの役者なのだ。本物の演技をできる本格派俳優として、これからますます輝きを増していくことは間違いないだろう。

あやのごう／1982年、岐阜県生まれ。2003年『仮面ライダー555』で俳優デビュー。『クローズZERO II』『GANTZ PERFECT ANSWER』『ヘルタースケルター』『るろうに剣心』『その夜の侍』『横道世之介』『シャニダールの花』『ガッチャマン』『夏の終り』など映画話題作への出演が続く。また、『Mother』『GOLD』『クレオパトラな女たち』『八重の桜』『空飛ぶ広報室』など、テレビドラマへの出演も増え、2012年『連続テレビ小説・カーネーション』では長崎弁で話す紳士服職人を演じ、認知度を広める。2013年ドラマ『最高の離婚』で東京ドラマアウォード2013・助演男優賞を受賞した。また、2014年は、映画『白ゆき姫殺人事件』『そこのみにて光輝く』公開予定。また、TBSドラマ・日曜劇場『S-最後の警官-』が1月より放送。

衣装協力 リック・オウエンス 東京

KURABO

一日を、折り目正しく美しく。

HIGH CLASS CHINO
ETERNALVEIL®
エターナルベール®

ビジネスカジュアルで愛されるボトムス、チノ。ほどよいドレスダウンにはシャンとしたプリーツと
一日穿いてもシワのない表情が望まれる。洗ってもプリーツが消えないことは最低条件。
朝から夜まで一日中、おろしたての美しさと風合いを保ち続ける、ひとクラス上のチノのための綿100%新素材。
メンズばかりかレディスウエアにも美しく映える。それがクラボウの「エターナルベール」。

クラボウ 繊維事業部 マーケティンググループ TEL.06-6266-5303 http://www.kurabo.co.jp/cotton/

撮影：石井文仁 [PRIMAL]
ヘアメイク：下田亜希子
文：佐藤誠二朗

BEST DRESSER AWARDS IN 2013
──── スポーツ部門 ────
TAKUMA SATO

佐藤琢磨
《レーシングドライバー》

Interview with TAKUMA SATO

仕事着はレーシングスーツ 普段着はカジュアルスタイル

日本を代表するレーシングドライバー・佐藤琢磨。佐藤さんの出で立ちとしてまず思い浮かぶのは、やはりレーシングスーツ。レーシングスーツというのはどんな着心地なのだろうか。そんな質問から話を切りだした。

「着心地はすごくいいですよ。僕にとっては、ということですが。僕らが使うレーシングスーツは、完璧なテーラーメイドなんです。採寸をして、細かい部分までひとつひとつ注文して仕上げてもらいます。グローブも、指の長さ1本1本に合わせていくし、シューズも足の形に完璧に合わせます。もちろん、耐火服ですから普通の服ほど快適ではありませんが、ドライビングに支障をきたさないように、居心地がよくなるような作りを目指しています」

1998年、全日本F3選手権からキャリアをスタートし、渡英してイギリスF3へ。2001年に日本人初のF3チャンピオンを獲得した後、2002年から2008年まではF1に参戦。2010年以降はアメリカのインディカー・シリーズに参戦中だ。

世界をまたにかけて活躍する佐藤さんの、普段の装いはどんなものなのだろうか。

「普段はカジュアルなスタイルが多いですね。夏だったら基本的にはデニムとTシャツ。秋冬はその上に軽くシャツを羽織るくらいです。ブランドはポール・スミスが好きで、長く着ています」

イギリスF3を走っている頃には、車体にポール・スミスのロゴをつけていた時期もあった。デザイナーのポール氏とは個人的な親交もある。2人を結びつけたのは意外な共通点だった。

「僕のバックグラウンドは自転車競技ですが、彼もまた若い頃、プロサイクリストを目指していたんです。18歳の時、彼は事故で選手生活を続けられなくなった後、デザイナーの友達と仲良くなり、服のデザインを始めた。僕は19歳の時、鈴鹿サーキットレーシングスクールでチャンスを掴み、自転車から離れてこの世界に入った。ある意味、舞台は違えど似た境遇でした。それにポールもレース好きということで共感していただいたんです。もともとポール・スミスの服が好きだったんですが、学生の頃は高くて買えませんでした。だからポール氏と知り合って、イギリスのコベントガーデンにあるPSショップで洋服を選ばせていただいた時は、すごく感動しましたね」

ついに成し遂げた日本人初の大快挙 トップレーサーの次なる目標は

今年4月21日、インディカー・シリーズ第3戦ロングビーチで、日本人初のF3マカオグランプリ優勝から12年もかかりました。F1で表彰台にのぼったり、予選で最前列に並んだり、インディカーに来てからも何度もレースをリードしたことはありましたが、優勝だけはどうしてもできなかった。ドライバーとしての優勝を達成。本人ばかりでなく、日本の全てのモータースポーツファンが待ち望んだ大快挙だ。改めて、その時の気分を、本人の口から語ってもらった。

「本当に、長く待ち望んだことでした。自分にとっても、メジャーシリーズに上がって初めての優勝でしたから。2001年のF3マカオグランプリ優勝から12年も

> 本当に、長く待ち望んだことでした。
> 自分にとっても、メジャーシリーズに
> 上がって初めての優勝でしたから

てやらなければならないことは常に全力で取り組みますが、道具を使うスポーツですから、時には機械の調子が悪かったり、ストラテジーが悪かったり、壊れてしまったりっていうことがあるので、仕方がないものです。でも、ロングビーチの時は、すべてが完璧でした。逆に言えば、すべてが完璧だと勝てる。あっさりと勝てたという印象です。ビクトリーサークルという、優勝した車だけが到達できる場所に行くと、表彰台の前でメカニックたちがみんな待っていてくれました。その瞬間に、喜びの実感がわいてきました。自分自身も辛いシーズンや苦しいレースがたくさんありましたが、僕を支えてくれる仲間たちと一緒にやってきて、ようやく成し遂げた快挙でしたから本当に嬉しかった。やっと歴史の1ページをめくれたという思いです」

表彰台の真ん中に立つという宿願を達成した2013年を終えた今、今後の目標について聞いた。

「これからも優勝を重ねたいです。もちろん最初の優勝をした今シーズンは、自分にとってはとても感慨深いですけども、全体を総括するとなかなか厳しいシーズンでもあった。一時はポイントランキングでもトップに躍り出ながら、その後いろんなことが起きて、終わってみたらかなり下の方になってしまいました。だからシーズン全体を通してコンペティティブに戦いたいし、最終的にはシリーズタイトルをとるのが夢です。なおかつインディ500っていう世界最大のレースでトップを取りたい。それに向かって今後も邁進していきたいですね」

今、多くの日本人は確信している。佐藤琢磨なら、きっとやってくれる。

さとうたくま／1977年、東京都生まれ。高校時代から自転車競技を始め、インターハイ、全日本学生選手権優勝など華々しい戦績を残す。早稲田大学在学中の1997年、鈴鹿サーキットレーシングスクールに入門。さらには世界の強豪ひしめく英国へ渡り、イギリスF3へ挑戦。2001年に同シリーズ総合優勝を果たし、翌年F1デビュー。2004年ヨーロッパGPでは日本人ドライバー史上初となる予選最前列を獲得、続くアメリカGPではついに表彰台に上がる快挙を成し遂げた。2010年からは活動の拠点をアメリカに移しインディカー・シリーズに参戦、翌年には日本人ドライバー史上初のポールポジションを獲得。2012年は3位表彰台、インディ500でも優勝争いを演じる。2013年は第3戦ロングビーチにてアジア人ドライバー史上初の優勝に輝き、続く第4戦サンパウロでも2位と連続で表彰台を獲得した。

衣装協力ポール・スミス

Dress up Japan

上質なきもののレンタル、着付、ヘアメイクまで全てをサポート

長沼静きものひととき

長沼静きものひとときが選ばれる3つの理由

1. プロ厳選の上質なきものをご用意
2. レンタル・着付・ヘアメイク一括対応
3. お店は全国各地、駅のすぐそば

初詣、結婚式、観劇、お茶会…きものでおでかけしませんか？

長沼静きものひとときは、一流作家品や伝統工芸品などのハイクオリティな商品を高い着付技術のサービスとともにお手頃な料金で提供しております。是非、お気軽にお問い合わせください。

基本パック 3タイプから選べるリーズナブルなフルセットです
31,500円／52,500円／73,500円

特選パック 特選したきものをフルセットです
105,000円〜

日本全国に18店舗。全て駅のそば！ご予約はお近くの各店舗まで

店舗	電話	店舗	電話	店舗	電話	店舗	電話
札幌店	011-242-9120	立川店	042-548-1772	藤沢店	0466-55-3920	三宮店	078-333-4560
仙台店	022-265-7705	町田店	042-728-0910	船橋店	047-460-2120	大丸京都店	075-288-6596
渋谷店	03-5428-4090	大宮店	048-613-7365	名古屋店	052-459-5622	岡山店	086-801-9020
新宿店	03-6685-2001	川越店	049-249-5255	大丸梅田店	06-6341-7301		
銀座店	03-5524-2272	横浜店	045-411-5071	なんば店	06-6630-6053		

営業時間 平日 11:00〜20:00　土・日・祝 10:00〜18:00

※予約制となっております。ご来店の際は予めご一報のほどお願い申し上げます。
※店舗によって営業時間の異なる場合がございますのでお問い合わせください。

ご予約・お問い合わせは、ホームページ、またはお近くの店舗までお気軽にお問い合わせください。

長沼静きものひととき 検索

BEST DRESSER AWARDS IN 2013
── インターナショナル部門 ──

YAYOI KUSAMA

草間彌生

Interview with YAYOI KUSAMA

もっともっと素晴らしいメッセージを世界に広げたいと思っております。

ますます世界から注目される草間彌生の芸術とファッション

東京都心の大通りから、一本奥に入った路地の一角にある仕事場。

鮮やかな色の絵が描かれた正方形の大きなキャンバスが、四方の壁にいくつも立てかけられている。草間彌生の宇宙ともいえるこの部屋の中央で、本人が新しい絵の制作にかかっている真っ最中だった。オレンジ色の髪の毛、そして同じ色のドレスを着て、背景の自分の絵の中に溶けこんでいるように見えた。

若き日から芸術の才能を発揮し、1957年に渡米。73年に帰国するまでニューヨークに活動の拠点を置いた。そのニューヨーク時代から、独自の洋服を作ってショーを主催することもありましたともありました。ファッションというのは、自分の人生観とか哲学観などが表現される、ひとつの思想の表れであると思っています」

ニューヨーク時代から約半世紀を経た現在も、世界の第一線のファッションシーンから熱いラブコールが届く。2012年にはルイ・ヴィトンとの共同コレクションを発表。世界に大きなインパクトを与えた。

「ある日、私のところへマーク・ジェイコブスさんが訪ねていらして、『仕事しませんか？』と言ったのです。私は『興味ありますから、もしそういった機会があれば』と答えました。本来、私は自分の洋服は自分の考えのみによって作りだしますけ

れども、ルイ・ヴィトンでの仕事は人間的な表現として、非常に素晴らしいアイデアだと思ったのです。その後、私はニューヨークで、ルイ・ヴィトン×ヤヨイ・クサマコレクションのオープニングに立ち会って帰ってまいりましたが、多くの方たちが、そのなかにある私の芸術と思想というものを感じて、喜んでくれました」

自ら〝前衛芸術家〟を名乗る。本来、前衛芸術とは、保守的な権威に対抗した最先端の表現法であり、一般にはなかなか理解されにくい。前衛であればあるほど、先端であればあるほど、マイナーであることが余儀なくされるはずだ。しかし草間彌生が生みだす芸術に対する、世界からの関心は、特に21世紀に入ってから加速度をつけて高まる。時代がやっと草間彌生に追いついたということなのだろうか。世界各国での個展の開催、ルイ・ヴィトンでの仕事、そして今回のベストドレッサー賞受賞もその表れであろう。受賞の感想をうかがった。

「自分は芸術家として、立ち向かっていく人生の最終目的なところまで、死ぬほど一生懸命働いていきたいと思っています。このたび、このようなチャンスがありましたので、ファッションを通して、マスコミュニケーションのなかで、私の姿勢を皆さんに見ていただき、また対話することができ、非常に嬉しいことだと思っています」

もっともっと深く、もっともっと永遠に死に物狂いで絵を描き続ける毎日

自分のなかの、〝普通ではいられない部分〟と折り合いをつけながら、長い間、表現を続けてきた。さまざまな表現手法

で作品をつくるが、一般的には「水玉」の印象が最も強い。いつ頃からなぜ、水玉を描くようになったのだろうか？

「子供の時から、水玉がものすごく好きでした。『木も、太陽も、私たちもひとつの水玉だ』。そういった考えのなかで、私は自分自身の人生を見直していこうと思い、毎日こうして水玉の絵を描いて、自分を鍛えているのです」

水玉の絵を描くことによって自分を鍛えると語る草間氏にとって、作品をつくるということは楽しく癒されることなのか。それとも何らかの痛みや苦しみも伴うことなのだろうか。

「私は芸術で人生を開拓してまいりましたけれども、これは大きな闘いでありました。もっともっと深く、もっともっと永遠に続くような素晴らしい芸術を打ちだしたいと思い、眠れない夜もたくさんありました。そして今もなお、創造性に対するエネルギーを使い切っていないので、朝早くから夜中までかけて、死に物狂いで絵を描いています。そして、もっともっと素晴らしいメッセージを世界に広げたいと思っております。それは人間的な素晴らしい愛とか、宇宙における神秘的な、はかり知れない素晴らしい世界ということです」

生まれ変わっても芸術家になりたいのだろうか。それとも、もっと違う人生を歩きたいと思うことはあるのか。最後にぶつけた究極の質問に対する答えはこうだった。

「自分は永久に生きたいと思っております。私の肉体が滅びても、なおかつ自分の精神は永遠であるという自覚を持てるように、自分を鍛えたいと思っており、だから自分は、毎日毎日、死ぬ思いで働いているのです」

くさまやよい／1929年長野県生まれ。10歳の頃から水玉と網模様をモチーフに幻想的な絵画を制作。1957年渡米、巨大な平面作品、ソフトスカルプチャー、鏡や電飾を使った環境彫刻を発表する。'60年代後半にはボディペインティングなど多数のハプニングを行う。1973年帰国、美術作品の制作発表を続けながら、小説、詩集も多数発表。2001年朝日賞受賞。2009年文化功労者に選出。近年では2011年5月よりスペインのマドリードを皮切りにフランス、イギリス、アメリカを巡回する大規模な個展が開催された。2013年、アルゼンチンのブエノスアイレスで南米回顧展が巡回を開始し、ブラジル、メキシコに巡回予定。近作展「KUSAMA YAYOI, A Dream I Dreamed」は韓国、中国、台湾、インドに巡回予定。

MÜHLE JAPAN　Tel. 03-6459-0375

Classic razor ¥5,985
Shaving bowl ¥3,990
Shaving brush ¥16,800
Organic shaving cream ¥2,625
Organic after shave balm ¥4,620
Made in Germany

Shaving Culture
gentlemen prefer style

職人の手による "Made in Germany" の魅力を現代に伝えるウエットシェービングブランドの "ミューレ" は、男性用プレミアムスキンケアシリーズ『ミューレ　オーガニック』を発売いたしました。高いスキンケア効果を持つアルガンオイルなど厳選された天然素材を原料としたピュアで穏やかな香りの製品は、肌のバランスを整えたい男性におすすめです。"ミューレ" は、美しいシェービング製品、優雅なアクセサリー、芳しい香りのスキンケアを取りそろえ、シェービング文化の未来をこれからも築いてまいります。

取扱ショップ：伊勢丹新宿店メンズ館 1F メンズコスメティック　阪急メンズ東京 1F メンズビューティー
銀座三越 7F ギンザグルーミング　ジェイアール名古屋タカシマヤ 7F メンズコスメティック

www.muehle.jp

BEST DRESSER AWARDS IN 2013

― 特別賞 ―

CHRISTEL TAKIGAWA

滝川 クリステル

《フリーアナウンサー》

撮影：石井文仁 [PRIMAL]
スタイリング：仙波レナ　ヘアメイク：野田智子
文：佐藤誠二朗

Interview with CHRISTEL TAKIGAWA

洋服選びともつながる動物愛護運動への思い

抜群の美貌とスタイル、そして知性を兼ね備える。日仏英三カ国語に長け、フリーキャスターとしてキャリアを築いてきた。一分の隙もないほど洗練された女性が、着替えを終えて控え室から出てきた時、取材スタッフは皆、仰天した。

そんなイメージの滝川クリステルが、着替えを終えて控え室から出てきた時、取材報道番組に出ている時とはほど遠い、とてもポップで可愛らしい服をセレクトしている。明らかに着る人を見事に着こなしている点はさすがだ。

まずは今回のベストドレッサー賞受賞のご感想、そして洋服についての考えをうかがった。

「本当に洋服が好きなので、とても嬉しいです。『ニュースJAPAN』のような堅い報道番組を担当している頃から、型にはまった服を着るのが好きではありませんでした。今日の服ほどではないにしろ、どこかで自分らしい個性を追いたいと常に思っていました。普段着はタキシードジャケットとかパンツスタイルとか、どちらかというとマニッシュな格好が好きです。テレビで見ていただいているイメージとは、全然違うスタイルかもしれないです。あとはアクセサリーが大好きです。自分にしっくりくるびやかなものでなくて、安いものでもいいんです。シンプルな洋服に合わせてアクセントで使うということが多いですね。高かったりきらびやかなものではなくて、見つけて、好きなブランドについてもうかがった。

「今日着たワンピースは、ステラ・マッカートニーのものですけど、私は彼女の洋服を続けて好きで、彼女の社会に対する姿勢の一端も顔を出す」

「おもてなし」の心こそ、日本が世界に誇るべきこと

作りのセオリーが好きなんです。彼女は動物愛護に熱心な人で、動物をいっさい犠牲にしないというコンセプトで洋服を作っているんですね。そこにすごく共感しています。ある意味、ファッションにおいて、今までにない形を証明した第一人者でもあると思います」

自ら考えて提案したひと言が最高の喜びを呼びこんだ

滝川さんは、自らも積極的に動物愛護運動を支援している。きっかけはやはり、報道で関わり、耳にして、そこに心が動いたからなのだという。

「人間以外はすべて排除してしまう、そういう感じがどうしても解せません。なかなかこういう活動をやる人が少ないという中のを聞いて、では私が声を上げて、世の中の人に気づいてもらおうという思いで一生懸命やっています」

「プロジェクトゼロ」と名づけたチャリティ活動も始めた。滝川さん自身がデザインしたアクセサリーを購入すると、その売上が寄付金となり、動物や環境保護活動に貢献できる仕組みだ。初回生産分のネックレス50本は、一個二万円全額が、殺処分ゼロを目指すシェルター（保健所での殺処分前の犬猫を保護し、里親探しを行う施設）などに、主に医療費として寄付される。今回は、その商品の原価分も寄付に充てる。つまり、原価の負担をしている滝川さんも、購入者と一緒に寄付をしているということになるとのこと。寄付金がどのように使われるのかがわからないので、購入に消極的になる人が多くいるという声を聞いてきた滝川さんは、詳細をフェイスブックやブログで公開し、透明性を確保するという。

最近の話題は何といっても「おもてなし」だ。多くの日本人の口を通して出たこの言葉は、多くの日本人の心の琴線に触れ、あの日以降、言葉の持つ意味、重要性を考え直した人は数えきれないだろう。ここまで大きな反響になることを、本人は予想していなかっただろうか。

「まったく思ってなかったですね。でも、こういう風に広まったのは、私の思いが通じたということですので、驚きつつもとても嬉しく思っています。私は前々から本当に『おもてなし』の心こそ、日本が世界に誇るべきことだと思っていました。『おもてなし』を今こそ誇りに思って、世界にアピールしてもいいんじゃないかって。でもそれを敢えて声高にアピールせずに抑えるところも日本人らしさだとも思っていました。あの時のプレゼンを事前に、『どういうことを話しますか』という会議をするんですけど、私も最初はなかなか本当の日本のよさ、何が他の国と差別化できるのかなって、一日いろいろ考えていたら、フッと思いついたのが『おもてなし』でした。

最後に聞いた。ロゲ会長から「TOKYO」と発表された瞬間、どんな気持ちだったか。

「その言葉が響く日を、自分でずっとイメージしていたんです。『TOKYO』って自分で言ってみたり（笑）。でもいざ本当にその瞬間が目の前に来ると……あれは驚きと感動と、なんでしょうかね……子供のように飛び上がって、そして自然と泣いちゃうくらい、感情が爆発しました。たくさんの人が関わって、みんな毎日寝ずに、食事もせずずっと必死でやってきましたから、みんなの思いが報われたと思いました。本当に嬉しかったです」

たきがわクリステル／1977年10月1日、フランス生まれ。青山学院大学文学部仏文学科卒業。フジテレビ系列「ニュースJAPAN」のキャスターに抜擢、2009年まで7年間務め、フリーに。現在は、NHK BS1「グローバルディベートWISDOM」メインMC、J-WAVE「NIPPON EXPRESS SAUDE! SAUDADE...」パーソナリティーを担当。BSフジ「Earth Walker」では木登り、ダイビング、河童探検などアクティブな一面も見せている。他にも、2011年4月〜WWF(世界自然保護基金)ジャパン顧問、2012年6月〜世界の医療団親善大使を務めながら、2013年1月には、フランス藝術文化勲章「シュバリエ」を受章。記憶に新しいところでは、2013年6月〜東京2020オリンピック・パラリンピック招致"Cool Tokyo"(クール・トーキョー)アンバサダーとしてプレゼンテーションに参加し、東京招致に貢献する等、アナウンサーの枠にとらわれない幅広い活動を行っている。

マルチビジューエンブロイダリー ボックスラインドレス ¥285,600(ステラ マッカートニー／ステラ マッカートニー ジャパン)、シューズ(スタイリスト私物)

問い合わせ先 ステラ マッカートニー ジャパン☎03・6427・3507

CARIBBEAN JOE
ISLAND SUPPLY CO.™

Vacation is a state of mind.
リラックスしたオトナのウィークエンドスタイル

ボリューム感のあるざっくりな風合がポイント。
◇フェイクダウンジャケット 12,800円
◇ラーベンタートルセーター 5,800円
◇ツイルピーチノータックパンツ 4,980円

イオン独占販売

「Vacation is a state of mind」
"オトナの休日は気分から"をコンセプトに、
リラックスしたオトナのウィークエンドスタイルを提案します。
ファッションとリゾート感を兼ね備えた、
新しいオトナのコーディネイトスタイルを表現するブランドです。

CARIBBEAN JOE
ISLAND SUPPLY CO.

今季人気のツイードベストで
トレンド感を演出。
◇パネル柄ニットジャケット 5,800円
◇ツイード中綿ベスト 5,800円
◇ツイルピーチノータックパンツ 4,980円

ショールカラージャケットで
ワンランク上のオトナカジュアル。
◇切替フェイクダウンコート 15,800円
◇ショールカラーニットジャケット 5,800円
◇ツイルピーチノータックパンツ 4,980円

Tricolore Resort

2013年秋冬シーズンテーマは、『トリコロール・リゾート』。
青・白・赤のカラーでまとめた、若々しくもきどらないオトナのスタイリングを表現します。
トリコールカラーをベースにした元気なカラー展開にキルティングや裏ボア、ムートンなど
"ふくらみ感"のある素材を使った暖かなウェアリングを提案します。

A　B　C

衿ボア仕様でしっかり防寒
フェアアイル柄にも注目。
A.衿ボアジャガードセーター 5,800円

ボディ回りにフィット感を出すため、
タイトに仕上げました。
B.ラーベンタートルセーター 5,800円

ショールカラーで大人の着こなし、
ニットコーディネイトの上級者。
C.ショールカラーニットジャケット 5,800円

ÆON　店舗により取扱いのない商品がございます。
商品に関するお問い合わせは、お近くのイオン各店直営売場(北海道・九州・沖縄地区を除く)までお申し付けください。

History of Best Dresser Awards
ベストドレッサー賞の歴史

FROM MFU
日本メンズファッション協会からのメッセージ

ファッション、そしてライフスタイルに
アプローチする「ベストドレッサー賞」

一般社団法人日本メンズファッション協会 理事長　八木原 保

「ベストドレッサー賞」は、今年で42年目を迎え、日本で最も高い知名度を誇るファッションイベントとして社会的に認知されるにいたりました。これまで、ファッションセンスのみならずユニークかつ個性的な方々、ライフスタイル全体にお洒落感の漂う方々を広い観点から選出しています。ファッション関連のアワードとしては最も歴史があり、毎年テレビ・新聞などでも大きく取り上げていただいております。日本メンズファッション協会は、単にファッションにとどまらず、広くライフスタイルの多様化や生活文化の向上、健康な生活環境といった視点に立ち、人々に生きる喜びと感動とを提供し続ける「生活文化創造団体」になることを目指します。

ファッション意識の向上、豊かで充実した生活の提案
ファッション産業界の発展と各界の文化交流を目的として
各界からその年を代表する人物を選考し、発表してきた「ベストドレッサー賞」は、
1972年の創設以来、今年で42回目を迎える。
その歴史は、各年代を象徴する錚々たる顔ぶれで彩られている。

1972～

年代	政治・経済	学術・文化	スポーツ・芸能	女性	特別賞
1972年	砂田重民 佐治敬三	千 宗室 黛 敏郎 古波蔵保好	西城正三 長谷川勝利 布施 明 大辻伺郎 都倉俊一		
1973年	佐藤栄作 梁瀬次郎	草柳大蔵 佃 公彦	二谷英明 生沢 徹 尾崎紀世彦		
1974年	木村俊夫	野坂昭如	北大路欣也		
1975年		三笠宮寛仁 石原慎太郎	益田喜頓		木原光知子
1976年		入江相政 柴田錬三郎	放駒清一		長嶋茂雄
1977年	荒舩清十郎 麻生太郎	植草甚一	坂東玉三郎		高見山大五郎
1978年	園田 直	広中平祐	広岡達朗 西田敏行		郷 ひろみ
1979年	盛田昭夫	糸川英夫 吉行淳之介	西城秀樹 小林 繁		

'77 麻生太郎
政界入り2年前、麻生セメント代表取締役の時に受賞。'76年にはモントリオール五輪にクレー射撃日本代表として出場した。受賞当時37歳。

'76 長嶋茂雄
1974年に現役を引退。翌年から読売ジャイアンツの監督に就任する。2年目のこの年、ジャイアンツをリーグ優勝に導いた。受賞当時40歳。

1980～

'81 タモリ
『今夜は最高！』がスタートしたこの年に受賞。夜のイメージが強かったが、翌'82年『笑っていいとも！』がスタートする。受賞当時36歳。

'83 糸井重里
西武百貨店の「不思議、大好き。」(1982)、「おいしい生活」(1983)などで脚光を浴び、「コピーライターブーム」を牽引した。受賞当時35歳。

'88 浅野温子
'80年代後半、トレンディードラマの女王と呼ばれ、この年放送開始の『抱きしめたい！』には浅野ゆう子とW主演を果たした。受賞当時27歳。

年代	政治・経済	学術・文化	スポーツ・芸能	女性	特別賞
1980年	柿澤弘治	五木寛之	若山富三郎 渡辺貞夫		立木義浩 青木 功
1981年	武藤嘉文 牛尾治朗	浅井愼平	世良 譲 西本幸雄 湯原信光 タモリ		
1982年	大賀典雄	村松友視 藤田敏八	原 辰徳 堺 正章		ビートたけし
1983年	河野洋平 原 清	藤本義一 糸井重里	藤田まこと 江本孟紀		
1984年	堤 清二	はらたいら 松平定知	日野皓正 片山敬済 今野雄二		楠田枝里子
1985年	犬丸一郎	鈴木清順	柴田恭兵 松尾雄治		桂 文珍 叶 和貴子
1986年	松浦 均	北方謙三	小堺一機 陣内孝則 松本恵二	萬田久子	
1987年	徳山二郎		夏木陽介 久米 宏 九重勝昭	吉永小百合	
1988年	千々岩雄平	山藤章二 鈴木エドワード	奥田瑛二 中嶋 悟	浅野温子	
1989年	石川六郎	景山民夫	田原俊彦 芹澤信雄	三田佳子	

1990〜

年代	政治・経済	学術・文化	スポーツ・芸能	女性	特別賞
1990年	橋本龍太郎	宮本文昭	中畑 清 松岡修造 高嶋政伸	浅野ゆう子	
1991年	福原義春	中沢新一	織田裕二	桐島かれん	(テーマ部門) 玉村豊男 加藤和彦
1992年	小林陽太郎	筑紫哲也	小林稔侍 鈴木亜久里	伊達公子	
1993年	細川護熙	米長邦雄	東山紀之 武田修宏	小谷実可子	
1994年	梶原 拓 安西邦夫	宮本亜門	中井貴一 ラモス瑠偉	山口智子	
1995年	藤田雄山 樋口廣太郎	服部幸應	萩原健一 加藤 久	西田ひかる	
1996年	菅 直人 谷本正憲 宮内義彦	小林よしのり	小室哲哉 有森裕子	安室奈美恵	石津謙介
1997年	大西正文	野村萬斎	西村雅彦 長塚京三	飯島直子	
1998年	岩國哲人	田崎真也	三國連太郎 内藤剛志 川口能活	吉川ひなの	
1999年	石原慎太郎	和泉元彌	藤村俊二 織田裕二 L'Arc〜en〜Ciel	松嶋菜々子	

'91 中沢新一
哲学から思想、宗教まで幅広い言論活動で知られる人類学者。この年、編集を行った大著『南方熊楠コレクション』が出版。受賞当時41歳。

'92年の受賞者
左から伊達公子、鈴木亜久里、小林稔侍、筑紫哲也、小林陽太郎。受賞当時22歳で新進気鋭のプロテニスプレイヤーとして注目されていた伊達公子さんは、1996年に現役引退を宣言。2008年にクルム伊達公子として現役復帰し、現在も第一線で活躍中。

'99 織田裕二
1991年に続き二度目の受賞。1997年から始まり主演した『踊る大捜査線』シリーズは、自身の代表作となる大ヒットに。受賞当時32歳。

2000〜

年代	政治・経済	学術・文化	スポーツ・芸能	女性	特別賞
2000年	水野 誠 依田 巽	浅田次郎	伊藤英明 フィリップ・トルシエ	浜崎あゆみ	高橋尚子
2001年	石原伸晃 宇野康秀	佐渡 裕	平井 堅 新庄剛志	米倉涼子	渡辺貞夫 (グランドベストドレッサー)
※2002年度より「女性」部門を廃止。新たに「インターナショナル」「日本伝統」部門を設置。				インターナショナル	
2002年	安倍晋三	松永真理 東儀秀樹 (日本伝統部門)	テリー伊藤 菊川 怜 宮本恒靖	ケリー・チャン	
2003年	中村史郎	葉加瀬太郎 中村獅童 (日本伝統部門)	Gackt 長谷川京子 星野仙一	冨永 愛	
2004年	三木谷浩史	千住 博	佐藤浩市 石川亜沙美 野村忠宏	ペ・ヨンジュン	
2005年	小池百合子 藤田 晋	松任谷正隆	坂口憲二 伊東美咲 古田敦也	マリア・シャラポワ	
2006年	新浪剛史	リリー・フランキー	荒川静香 渡辺 謙 黒木 瞳	ボビー・バレンタイン	
2007年	桜井正光	河瀨直美 古澤 巌	役所広司 栗山千明	奥山清行	市川海老蔵
2008年	吉越浩一郎	井上雄彦	市原隼人 上戸 彩 田臥勇太		水谷 豊
2009年	林 文子	滝田洋二郎	土屋アンナ 高橋克典	西本智実	
2010年	前田新造	溝畑 宏	沢村一樹 杉本 彩 武井 咲 中澤佑二		
2011年	黒岩祐治	石田衣良	吉瀬美智子 東山紀之 古関美保	KARA 超新星	テリー伊藤
2012年	高岡浩三	市川猿之助	剛力彩芽 藤木直人 佐々木則夫	きゃりーぱみゅぱみゅ	昇地三郎 川端友紀(MFU推薦枠)
2013年	安倍晋三 橘谷有造	百田尚樹	夏木マリ 堀北真希 綾野 剛 佐藤琢磨	草間彌生	滝川クリステル

'06 リリー・フランキー
自身初の長編小説『東京タワー〜オカンとボクと、時々、オトン〜』は、2006年に200万部を超える大ベストセラーに。受賞当時43歳。

'08 水谷 豊
2000年に単発ドラマとして始まった『相棒』シリーズが、2008年にはシーズン7が放映されるほどの国民的人気ドラマに。受賞当時56歳。

'12 きゃりーぱみゅぱみゅ
2011年の歌手デビュー直後から人気は世界に拡大。2012年にリリースの『つけまつける』は、世界73カ国に配信された。受賞当時19歳。

50 Years
1964

NEWYORKER

www.newyorker.co.jp

BEST DRESSER STYLE BOOK 2013
SPECIAL EDITION

カジュアルビズの新常識

NEW STANDARD OF "CASUAL BIZ"

2005年、環境対策のために環境省が提唱した、「クールビズ」「ウォームビズ」はすっかり定着しました。カジュアルな出で立ちで効率よく仕事をする姿はとてもスマートです。そんなカジュアルビズスタイルをワンランクアップさせる、新しい着こなし法を紹介します。

撮影：植野製作所　スタイリング：小林伸崇
文　佐藤誠二朗

BEST DRESSER STYLE BOOK 2013 SPECIAL EDITION

NEW WARM BIZ

1
パンツ選びが要のウォームビズ

温度調整を意識しながら季節の色や素材を楽しみたい

オフィス内と外出時との温度調整が難しい冬場。1日のなかの気温変化に対応できるように、ジャケット、ベスト、パンツのセパレートスタイルがお薦めです。セパレートスタイルなら、パンツの素材の厚さも選べ、組み合わせの幅も広がります。暖かさではウールの肉厚素材、コーデュロイやツイード、フラノ、またサキソニー仕上げのものもいいでしょう。保温性が高く快適な、機能素材もお薦めです。パンツのシルエットは、膝から下がシャープなテーパードが依然としてトレンドです。冬場は特に、季節の色や素材を積極的に楽しむ姿勢も持ちたいものです。色はグレーやネイビー、柄は千鳥、チェック、ヘリンボーンなどを選ぶと今年らしさがでます。

保温力抜群の
ウィンターコットン素材を使用

生地段階で蒸して風合いを出した、ウィンターコットン素材使用のワンタックパンツ。生地と肌の間に空気の層ができるので、保温力抜群の蓄熱素材。ストレッチが利いているのではき心地も極上。¥19,950（ニューヨーカー／ニューヨーカー）

素材のアピール力で
コーディネイトの中心に

ベルベットのように毛羽立たせた、肌触りが心地よく温かみのあるピーチスキン素材のパンツ。シンプルなデザインながらも、素材のアピール力が強いので、コーディネイトの中心になる。¥19,950（ポール・スチュアート／SANYO SHOKAI [C.R.室]）

雪の結晶柄の刺しゅうが
目を引く冬らしい1本

コーデュロイ素材はウォームビズにも最適。ネイビーカラーをベースに、冬らしく、ノルディック風の雪の結晶柄が刺しゅうされた、遊び心の感じられるデザイン。¥15,750（ブルックス ブラザーズ／ブルックス ブラザーズ ジャパン）

トレンドのカラーと柄を押さえた
パンツメインのコーディネイト

グレーカラーのチェック柄という今年のトレンドを踏まえたパンツが中心となるコーディネイト。パンツはサイドポケットつきながらさほど主張はしないデザインなので、オフィス内でのほどよいカジュアルを楽しめる。

パンツ ¥25,200（ケント＆カーウェン／レナウン プレスポート）ショートコート ¥50,400（ランバン オン ブルー／ジョイックス コーポレーション）、ジャケット ¥51,450、シャツ ¥22,050（ランバン オン ブルー／ジョイックス コーポレーション）グローブ ¥23,100（ともにダーバン／レナウン プレスポート）、カーディガン ¥63,000（アクアスキュータム／レナウン プレスポート）、ベルト ¥16,800（ブルックス ブラザーズ／ブルックス ブラザーズ ジャパン）、ブーツ ¥66,150（ランバン コレクション／ジョイックス コーポレーション）

同系色のチェック柄は
大人の着こなしに最適

トレンドのチェック柄は積極的に取り入れたいが、あまり派手すぎるものは避けたいという人にお薦めなのが、同系色で控えめに入ったチェック柄。ワンタックで腰回りにも余裕があり、大人っぽい着こなしに。¥18,900（サクソン／エミネント）

48

BEST DRESSER STYLE BOOK 2013 SPECIAL EDITION

NEW COOL BIZ

1
カジュアルを演出するクールビズのシャツ

夏場でもビジネスはドレッシーに。高機能素材活用もお薦め

ビジネスではドレッシーさが大事です。いくら暑くても、半袖はあまりお薦めできません。どうしても暑い時は長袖のロールアップ、半袖を着るなら逆に思い切ってカジュアルに振り、プルオーバーの選択もあります。襟は台襟付きのものにしましょう。ジャケットを羽織る時でも襟の収まりがきちんと見え、いざという時にはそのままタイドアップできます。ノーネクタイでもネック回りの収まりがよいボタンダウンやカッタウェイがベストです。麻100％や綿×麻などの天然素材がトレンドですが、夏は吸湿速乾性の高い機能素材も活躍します。汗をかいてもシワになりにくい形態安定素材、クールマックス、アイスコットン、クールモーションなどがお薦めです。

クールビズスタイルに似合う カッタウェイカラー

パステル調のオレンジが効いた、夏らしく爽やかな雰囲気の綿麻素材長袖シャツ。襟先が大きく開いたカッタウェイカラーは、ノーネクタイでも自然に美しい首元になるトレンドの形状。¥12,600（スクロール／フレックスジャパン）

ドレッシーな 大人クールビズスタイル

ノーネクタイでも襟先が落ち着くスナップカラーシャツも、クールビズスタイルにはうってつけ。ドレッシーな大人のクールビズスタイルが完成できる。2014年2月発売予定。¥17,850（アレグリ／SANYO SHOKAI［C.R.室］）

シャツ ¥16,800（J．プレス／オンワード樫山お客様相談室）
ストール ¥11,500（J．プレス／オンワード樫山お客様相談室）、パンツ ¥36,750（ランバン コレクション／ジョイックスコーポレーション）、ベルト ¥11,550（ニューヨーカー／ニューヨーカー）、ローファー ¥76,650（ブルックス ブラザーズ／ブルックス ブラザーズ ジャパン）

ノーネクタイでも様になる ボタンダウンシャツ

ブルックス ブラザーズのアイコンであるボタンダウン。素材はアメリカ製スーピマコットンを100％使用したオックスフォードで、ノンアイロン加工が施されている。¥12,600（ブルックス ブラザーズ／ブルックス ブラザーズ ジャパン）

ストール1本でお洒落感が ツーランクアップ

ネイビーパンツに白の長袖ボタンダウンシャツという、夏場の基本中の基本のコーディネイト。だがそこに1本のストールをプラスすれば、一気にカジュアル感がアップし、お洒落なサマースタイルを完成させることができる。

素材とカラーで 涼しげな印象に

素材感が出た水色の生地が涼しげな印象のボタンダウンシャツ。袖口の裏側にブランドマークであるクローバーの刺しゅうが入っていて、ロールアップして着た時のアクセントになる。¥7,245（クローバーフィールド／フレックスジャパン）

BEST DRESSER STYLE BOOK 2013 SPECIAL EDITION

NEW WARM BIZ

2
シューズで差をつけるウォームビズ

トラッド系、スエード素材、アンクルブーツがお薦め

ウォーム感のあるスエード素材のシューズは、ウォームビズには最適のアイテムです。レトロ素材のパンツに注目が集まっているので、それに合わせやすいクラシックタイプのレザーシューズがいいでしょう。ローファーやウィングチップなどのトラッド系シューズ、またチャッカブーツがお薦めです。また、見た目がドレッシーなのでビジネスにも使えつつ、ヒモ靴と違い少し力の抜けた感じも演出できるダブルモンクストラップシューズにも注目したいところです。それ以外でも、短めのアンクル丈ブーツは足元が温かく、しっかりしたビジネススタイルから少し着崩したカジュアルスタイルまで合わせられ、汎用性が高いのでウォームビズ向けのシューズです。

冬の足元を軽やかに演出するカラーチャッカブーツ
きめが細かいソフトベロア素材のチャッカブーツ。ブルー、ライトグレー、ブラウンのカラーバリエーションがある。重くなりがちな冬のスタイリングを軽やかに仕上げる。¥66,150（ランバン コレクション／ジョイックスコーポレーション）

落ち着いた雰囲気のコンビ素材ウィングチップブーツ
スエードとスムースレザーの切り替えウィングチップブーツ。コンビでも同系色を使って落ち着いた雰囲気なので、ドレッシーなビジネススタイルにも、カジュアルダウンスタイルにも合わせられる。¥69,300（三陽山長／三陽山長 銀座店）

スエードローファー ¥66,150（三陽山長／三陽山長 銀座店）コーデュロイジャケット ¥55,650 シャツ ¥14,700、チーフ ¥5,250（すべてブルックス ブラザーズ／ブルックス ブラザーズ ジャパン）、ジレ ¥24,150、ストール ¥15,750（ともにポール スチュアート／SANYO SHOKAI [C.R.室]）、パンツ ¥27,300、ベルト ¥16,800（ともにダーバン／レナウン プレスポート）

ウォームビズ用に1足は持っていたいプレーントウ
プレーントウもまた、あらゆるスタイルに合わせやすいので、ウォームビズ用に1足は持っていたいシューズ。特にラバーソールタイプはカジュアルスタイルに最適。¥30,450（ブルックス ブラザーズ／ブルックス ブラザーズ ジャパン）

トレンドのローファーで
コーディネートのセンスアップを

トレンドのローファーは、是非一足押さえておきたい。特に秋冬らしい温かい雰囲気のスエード素材コインローファーは、コーディネートをワンランクアップさせる強力アイテム。ベルトやジャケットとカラーを合わせるのもテクニック。

ビジネス、カジュアル両面展開のチャッカブーツ
チャッカブーツはトレンドのスタイル。オーセンティックな雰囲気のこげ茶スエード素材を使用していて、ドレッシーにもカジュアルにも使い分けることができる汎用性の高いタイプ。¥58,800（ダーバン／レナウン プレスポート）

NEW COOL BIZ

2
クールビズはベルトで勝負

クールビズスタイルにはリボン or メッシュベルトを

セオリーどおりにするならば、クールビズといってもベルトはシューズと同素材のものを選ぶべきです。ブラック、ブラウン、ネイビーのレザーであれば少し堅のビジネスシーンでもOKです。ジャケットを着ない、よりカジュアル寄りのシーンでは、コーディネイトのなかでベルトが目立つので、少し軽めのベルトを選ぶのがお薦めです。ナイロンのリボンベルトや、レザーメッシュなどがいいでしょう。メッシュベルトは、ここのところトレンド急上昇中で、なおかつ清涼感を演出できるため、クールビズスタイルにはぜひ、取り入れたいところです。お洒落に自信のある方は、思い切って着こなしの中心になるような、鮮やかで存在感のあるカラーにトライしてもいいでしょう。

ドレッシーにも使える
ブラックレザーメッシュ

黒1色で大人っぽい雰囲気のレザーメッシュベルト。カジュアル色の強いメッシュタイプのなかでは落ち着いた雰囲気なので、ドレッシーなスタイルにも合わせることができそう。¥24,150（ポール・スチュアート／SANYO SHOKAI［C.R.室］）

3色の組み合わせながら
落ち着いた雰囲気

ブルーの濃淡をメインに、ブラウンのレザーを絶妙に組み合わせたレザーメッシュベルト。渋みのあるカラーを選択しているので落ち着いた雰囲気で、悪目立ちしない。¥28,350（ランバン コレクション／ジョイックスコーポレーション）

カジュアル色の強い
スタイルに最適

黒×白×オレンジを組んだ、ポップな雰囲気のメッシュベルト。カジュアル寄りのシーンでお薦め。ゴム素材で伸縮が利き、つけ心地は抜群。¥3,990（ザ・ダファー・オブ・セントジョージ／ジョイックスコーポレーション）

メッシュベルト&ニット肩かけが
アクセントに

ベルト¥5,985（J. プレス／オンワード樫山お客様相談室）半袖シャツ¥13,650、コットンパンツ¥16,800（すべてJ. プレス／オンワード樫山お客様相談室）、肩からかけたニット¥13,650（ブルックス ブラザーズ／ブルックス ブラザーズ ジャパン）、シューズ¥36,750（三陽山長／三陽山長 銀座店）

ジャケットを着ないカジュアル色の強いクールビズスタイルでは、ベルトが目立つ。昨今トレンドのメッシュベルトは、そんなスタイルの強い味方。コーディネイトが寂しい場合、トレンドが続くニットの肩かけもお薦め。

黒&白のリバーシブルタイプ
メッシュベルト

裏表に白と黒が配色された、リバーシブルタイプのメッシュベルト。各々の面を表にしてつけると、裏側の色がメッシュの隙間から覗き、独特の模様になる。¥11,550（ニューヨーカー バイ ケイタ マルヤマ／ニューヨーカー）

BEST DRESSER STYLE BOOK 2013 SPECIAL EDITION

主要アパレル9社
アンケート調査でわかったカジュアルビズの裏技18

アンケート協力：ジョイックスコーポレーション／オンワード樫山／ブルックス ブラザーズ ジャパン／SANYO SHOKAI／レナウン／三陽山長／ニューヨーカー／エミネント／フレックスジャパン

01 ウォームビズはカラーアイテムをひとつプラスするべし
冬場は特に、黒やグレーなどの無彩色系のコーディネイトになってしまいがちです。そこでウォームビズスタイルの時、ジャケットの下にカラーニットやカラーニットベストをプラスすると、ワンランク上の印象になります。

02 夏場のコーディネイトは多色を使わず同系色でまとめるべし
アイテム数が少なくなる夏場のコーディネイトは、統一感が重要です。あまり多くの色を使うとスマートさに欠けて見えるので、なるべく同系色で揃えるように注意してコーディネイトするとセンスアップします。

03 冬場のコーディネイトは素材のアンバランスに注意するべし
冬場のコーディネイトで注意したいのが、着ている服の素材がアンバランスになることです。見た目のボリューム感を合わせるようにし、ビジネスにはまったく向かないカジュアルセーターやベストの着用は避けましょう。

04 外しただけ、着ただけ……。「だけ」コーディネイトは避けるべし
タイを外しただけ、ニットを着ただけ、巻き物をしただけ、ではNG。カジュアルビズでも敢えてタイを活用し、夏場はシルクニット、冬場はウールニットのタイなどで、カジュアルタイアップを楽しむのもお薦めです。

05 温かみのある素材同士の重ね着にトライするべし
ウォームビズスタイルでは、ツイードなどのウール素材ジャケット＋ミドルゲージのラムズウールニットなど、従来はあまり組み合わされなかったような温かみのある素材同士の重ね着も新鮮みがあってお薦めです。

06 重ねすぎ、軽装すぎ……。「すぎ」コーディネイトは避けるべし
ウォームビズスタイルでの重ねすぎ、クールビズスタイルでの軽装すぎなど、いきすぎ、やりすぎのコーディネイトは禁物です。カジュアルとはいっても、ビジネススタイルはある程度の節度を持って臨むのがお洒落です。

07 冬は巻物、夏はポケットチーフやハンカチを活用すべし
冬場はマフラーやストールなどの巻物。夏場は、ポケットチーフやハンカチを活用しましょう。特にクールビズではアンコンのラフなジャケットを着用していても胸ポケットにチーフを入れるだけで見栄えがぐっとアップします。

08 夏はボタンの開けすぎに注意するべし
いくら暑いからといっても、シャツのボタンを開けすぎるとせっかくのクールビズスタイルが台無しです。第2ボタンまで外して胸毛が見えたりするのはお洒落でないばかりか、エチケット違反にもなります。

09 ベルトと靴のカラーに注意するべし
冬場もそうですが、特に小物の存在が目立つ夏のクールビズでは、ベルトと靴の色合わせには細心の注意が必要です。黒、茶の同系色で揃えることが基本。茶系では色の濃度も合わせると、よりお洒落感がアップします。

10 夏も冬もサイズ感を最重要視するべし
クールビズスタイルもウォームビズスタイルも、洋服のサイズ感には気を配りましょう。基本はジャストサイズ。身体にぴったり合ったものがベストです。大きすぎても小さすぎても、お洒落感が帳消しになってしまうものです。

11 他人からだらしなく見えるスタイルは避けるべし
1日着用したパンツは折り目を揃えてハンガーに吊り、休ませるとともに、定期的にアイロンでメンテナンスして折り目をキープしましょう。また、クールビズといっても、シャツの襟がだらしなく開いてしまう着方はNGです。

12 スーツに半袖シャツはNGと知るべし
夏場、半袖シャツにスーツを合わせるのは、スーツの着こなしルールから外れる行為です。スーツを着なければならない日は、長袖シャツを着るようにしましょう。またシャツの下にTシャツが見えたり透けたりするのもNGです。

13 パンツの腰ばきは避けるべし
ビジネススタイルで、バランスの悪いパンツの腰ばきはもってのほかです。また、裾幅21cm以下のスリムシルエットのパンツは裾に視線が行きます。裾をダブル（4.5cm幅）にしてボリューム感を出すとバランスが取れます。

14 カーディガン、ベスト／ジレをワードローブに加えるべし
クールビズでもウォームビズでも、ニットカーデやニットジャケットなどの大人顔の羽織りもの、あるいはベスト／ジレを活用するとぐっとセンスアップします。トレンドのカーディガン肩かけもお洒落に見えるのでお薦めです。

15 クールビズではシャツの襟型に注意するべし
ジャケットを着ないクールビズスタイルでは、シャツの襟が非常に目立ちます。ボタンダウンやスナップダウンなど、襟の形が崩れないシャツを着用すると、首回りがだらしなくなることを避けられます。

16 ウォームビズではニットタイやストールを活用するべし
ウォームビズでは、ネクタイをニットタイにすることでウォーム感を演出することができます。また、ストールをお洒落に巻くことで、ワンランクアップの見え方を実現することができます。

17 デッキシューズやスニーカーは避けるべし
いくらカジュアルなスタイルといっても、ビジネスの場では避けたほうがよいのがデッキシューズやスニーカーです。これらの靴は休日用にして、カジュアルビズスタイルではレザーシューズを履くように心がけましょう。

18 ポロシャツはビジネスの場では避けるべし
「ビズポロ」と呼ばれるものであればよいかもしれませんが、ビジネスの場において普通のポロシャツ着用は難易度が高く、注意が必要です。よほどお洒落に自信がある方以外は、基本的に避けたほうが無難でしょう。

---

kögen 1940

誇り高き日本生まれの正統派ドレスシャツ。

京都丹後の美しい最高級純綿生地使用。

世界に誇れる日本の職人技術を終結。

その昔、牧場だったロケーションに工場を設立して約60年余り、今なお日本の高級ドレスシャツの生産を支える老舗ファクトリーが自信を持って開発したハイエンドモデルのドレスシャツです。
＜コーゲン 29,400円＞

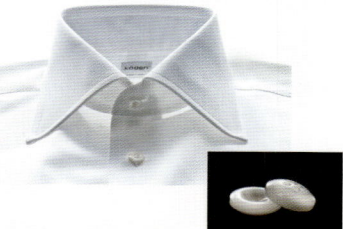

フレックスジャパン株式会社
〒387-8601 長野県千曲市屋代2451 TEL/026-261-3000 URL/http://www.flexjapan.co.jp

COOK® MEDICAL

DEVICES
BIOTECH
CELL THERAPY
BIOPHARMA

WHERE INGENUITY AND INTEGRITY CONVERGE

SINCE 1963
COOK MEDICAL HAS BEEN COLLABORATING WITH PHYSICIANS TO FIND A BETTER WAY

医療の世界は常に技術革新を求めます。
画期的な技術、最新のテクノロジー、先駆的精神が重要とされるのです。
私たちもまた、創造力を持ち日々製品の研究開発に取り組み、
20世紀の医療をリードしてきたことに誇りをもっています。
しかし、最も誇りを感じているのは、なぜその役目を果たしてきたか、というその理由です。
Cook Medical社は、技術革新のための技術革新というものを認めていません。
Cook Medical社にとって技術革新が目指すものはただ1つ
―患者様により良い治療を提供する道を模索する―ということです。

Cook Japan 株式会社
〒164-0001 東京都中野区中野4-10-1
中野セントラルパークイースト
TEL：03-6853-9470
www.cookmedical.co.jp

© COOK 2013

各受賞者一覧 (敬称略)

一般社団法人日本メンズファッション協会

第32回ベスト・ファーザー イエローリボン賞

●ベスト・ファーザー
イエローリボン賞とは

その年、最も素敵なお父さんに贈られるベスト・ファーザー イエローリボン賞は、米国で始まった「父の日」を日本でも国民的な社会行事に発展・定着させ、平和で円満な家庭生活の推進することを目的として、1982年より展開しています。合わせて、文部科学省後援のもと「父の日似顔絵・作文コンクール」を開催しています。

開催日：2013年6月5日(水)
場所：パレスホテル東京　2F　葵
時間：17:30～20:00
来場者：約800名

授賞式では、株式会社ベネッセホールディングス代表取締役社長、福島保さんのインタビューの際、ベネッセの人気キャラクターの、しまじろうとたまちゃん&ひよちゃんが登場。会場を盛り上げてくれました。さらに、野村萬斎さんには息子の裕基さんから、生瀬勝久さんにはドラマで数多く共演している女優の仲間由紀恵さんから、土田晃之さんには事務所の後輩で2009年のベスト・ファーザーのつるの剛士さんから、白石康次郎さんにはご家族から、温かいビデオレターが届けられました。

インタビューでは、子供への接し方はそれぞれ違いながらも、共通して大きな「家族への愛情」を持った、素敵なお父さんの姿を改めて見せてくれました。

授賞式ではまた、全国からご応募いただき審査したお父さんの似顔絵と作文を、文部科学省の後援のもと表彰しています。この表彰は今年で24回目を迎えました。

パーティでは多くのゲストにご協力いただき、チャリティ募金を行うとともにベスト・ファーザー受賞者の皆様との握手会を開催しました。

受賞者

〈政治・経済部門〉
株式会社ベネッセホールディングス
代表取締役社長　福島 保

〈学術・文化部門〉
狂言師　野村萬斎

〈芸能部門〉
俳優　生瀬勝久

〈芸能部門〉
タレント　土田晃之

〈スポーツ部門〉
海洋冒険家　白石康次郎

〈父の日似顔絵・作文コンクール 文部科学大臣賞〉
似顔絵の部　湯浅聡一郎 
作文の部　鬼塚君枝 

第11回グッドエイジャー賞

●グッドエイジャー賞とは

年齢を重ねても人生を楽しみ、常に未来を見つめ、これから先もまだまだいろいろなことに挑戦してみようという、長寿時代を豊かに活きいきと過ごすバイタリティに溢れる方々を2003年より表彰しています。また各地域に住む皆様が、活きいきと素敵に年齢を重ねられるようにとの思いを込め、全国の3都市でも「グッドエイジャー賞」を開催しました。

開催日：2013年9月6日(金)
場所：グランドプリンスホテル高輪
　　　B1F　プリンスルーム
時間：16:00～18:30
来場者：約600名

トークセッションでは、受賞者の皆さんそれぞれのパワーの源を話していただきました。東ちづるさんは「つながる」=「共生」をテーマとする自身の活動『ゲットインタッチ』で感じた"躍動"。デビュー35周年を迎えた渡辺真知子さんは歌うことへの"情熱"。綾小路きみまろさんは、笑いと毒舌が融合した独自の漫談への"想い"。假屋崎省吾さんは、華道歴30年で得た日常にある"美"。三浦雄一郎さんは、決してあきらめない、常に夢を持つことの大切さと、今のご自身の"夢"。長期にわたって輝きを放つことの意味を改めて感じる、貴重なトークセッションとなりました。

またトークセッション中に、綾小路きみまろさんには漫談を、渡辺真知子さんには名曲「かもめが翔んだ日」を披露していただき、会場は終始、笑いと感動に包まれました。パーティにはジャズのフルオーケストラバンドを迎え、歓談とおいしい食べ物に華を添え、会場にはとても素敵な時間が流れました。

受賞者

女優　東ちづる
シンガーソングライター　渡辺真知子 
漫談家　綾小路きみまろ 
華道家　假屋崎省吾 
〈特別賞〉冒険家・プロスキーヤー　三浦雄一郎 

第2回北海道グッドエイジャー賞
2013年9月28日(土)　丸井今井札幌本店
受賞者 
北海道知事　高橋はるみ
俳優　伊吹吾郎

第1回名古屋グッドエイジャー賞
2013年9月14日(土)　ジェーアール名古屋タカシマヤ
受賞者 
女優　紫 とも
タレント・俳優　高田純次

第4回福岡グッドエイジャー賞
2013年9月16日(月・祝)　大丸福岡天神店
受賞者 
元タカラジェンヌ　那津乃 咲
画家　鶴田 一郎

TONY'S COLLECTION INC.

SOL TONY TANAKA

〒153-0062 東京都目黒区三田1-12-27　Tel: 03-3716-6363　http://www.tony-tanaka.co.jp

2013年MFUを彩った人たち

第10回ベストデビュタント賞

●ベストデビュタント賞とは

デビュー間もない新人クリエイター&アーティストたちのなかから、特に今年1年の活動が社会・文化・業界・一般の方々に支持され、影響を与え、将来を期待される方を各部門で選出する2004年度より始まったアワードです。

開催日：2013年10月10日(木)
場所：ラフォーレミュージアム原宿
時間：第1部 17:30～18:30
　　　第2部 18:30～20:00
来場者：約400名

昨年度までは、年末に開催しているベストドレッサー賞と併催していましたが、10周年を迎える今年「ベストデビュタント・ナイト〜10周年アニバーサリーパーティー〜」として、単独で開催しました。
授与式はまず、ウエルカムライブとして2009年に音楽部門で受賞された、かりんさんに25絃箏の演奏と歌を披露していただきました。その後、4名の未来を担う若きクリエイターに、ひとりひとりの作品に込める思いや、これからの意気ごみを力強く話していただきました。
授与式終了後は、第二部の「デビュタントナイトパーティ」。受賞者のファンの方々や、ラフォーレ原宿で買い物をしている一般のお客様などを迎え、江角泰俊さんによるファッションショーや浮気者さん、原宿に事務所を構えるアソビシステム株式会社にご協力いただき「TEMPURAKIDZ」「Una」によるライブを開催しました。
今までのMFUのイベントとはひと味違う、活気溢れるイベントとなりました。

受賞者

〈ファッション部門〉
ファッションデザイナー・テキスタイルデザイナー・アートディレクター
江角泰俊
Yasutoshi Ezumi 2013-14 Autumn Winter Collection [Them Anima]

〈映像・グラフィック・アート部門〉
アーティスト　笹田靖人
マルコのライオン / 堕天使

〈空間・インテリアデザイン部門〉
建築家　前田圭介
©上田宏　©上田宏

〈音楽部門〉
アーティスト　浮気者（SuG 武瑠）

クールなウールの似合う方を選出する「第2回 COOL WOOL 賞」

● COOL WOOL 賞とは

ザ・ウールマーク・カンパニーより、ベストドレッサー賞受賞者の中からクールウールが似合う方に「クールウール賞」を贈呈します。本年で2回目を迎える「クールウール賞」は、綾野剛さんを受賞者として選出しました。この「クールウール」はウールが秋冬シーズンだけの素材ではなく、その優れた吸放湿性によって、春夏シーズンにも適応した素材であることを訴えるキャンペーンです。

THE WOOLMARK COMPANY
ザ・ウールマーク・カンパニー
東京都港区南青山3-2-5　南青山シティビル6F
03-6447-1412

Blue Rose Campaign by Best Dresser Award

● Blue Rose Campaign by Best Dresser Award とは

MFUは東日本大震災からの復旧・復興への願いを込めて「ブルーローズキャンペーン」を実施しています。"奇跡"や"夢がかなう"などの花言葉を持つ「青いバラ」のピンバッジを、東日本大震災からの復旧・復興のシンボル・モチーフとして、インターネットで販売しています。その収益は、あしなが育英会を通じて東北地方の被災地に寄付します。

第2回渋谷ストリートベストドレッサー賞

●渋谷ストリートベストドレッサー賞とは

渋谷&原宿のストリートでお洒落を楽しむ多くの方に、装うことの素晴らしさや楽しさを再発見していただきたいという思いから、この「渋谷ストリートベストドレッサー賞」を2012年より創設しました。
渋谷区の全面的なご協力のもと、渋谷・原宿それぞれのストリートを代表するベストドレッサーを選出しました。

開催日：2013年11月24日(日)　場所：渋谷駅「ハチ公前広場」　時間：13:00～14:00

受賞者

〈渋谷ストリート部門〉　鈴木　あや

2007年7月より「Ranzuki」専属モデルR's（アールズ）に加入。その後、2008年1月号にて初表紙掲載後、19回連続・通算42回もの表紙を飾り、前人未到の"すず伝説"を打ち立てた。また、この記録は同一雑誌においての表紙回数日本一を誇る。2012年3月号のピン表紙を最後に同誌を卒業し、「EDGE STYLE」に電撃移籍。移籍後、2012年6月号でW鈴木で表紙、2012年10月号ではピン表紙を飾り、「EDGE STYLE」の看板モデルとして活躍中。現在は、雑誌に限らずTVやラジオと多方面で活躍している。

〈原宿ストリート部門〉　瀬戸あゆみ

青文字系雑誌「Zipper」を主にモデルとして活躍する瀬戸あゆみ。「キッズロック」というスタイルを確立した1人であり、彼女のクリエイティヴィティ溢れるコーディネイトセンスは10代の原宿系女子から注目され、絶大な人気を博している。2013年10月には初のスタイルブック「Ayumi Kidz」を発売。プライベートから、ファッション、ビューティテク、カルチャーまで、瀬戸あゆみのお洒落のヒミツなど、AYUMIワールドを余すことなく堪能できる1冊となっている。また、自身でディレクション、デザインを行うアパレルブランド「Aymmy in the batty girls」（通称：Aymmy）が2014年春にデビューすることが決定している。原宿・青文字系モデルが本格的に立ち上げるアパレルブランドとしては初めてで、瀬戸の持つ類まれなファッションセンスのフィルターを通したオリジナルアイテムが展開される。

FASHION CREATORS HOUSE
gim co., ltd.

PURE CASHMERE 100%
Made in JAPAN

www.gim.co.jp

MFU STYLING

BEST DRESSER
STYLE BOOK 2013

ベストドレッサー・スタイルブック 2013

2013年11月30日　第1刷発行

監修
一般社団法人日本メンズファッション協会
〒150-0001
東京都渋谷区神宮前 3-18-14
TEL　03（5412）2330
理事長　八木原 保
ベストドレッサー委員長　早川千秋

発行人
見城 徹

編集人
舘野晴彦

編集
二本柳陵介
ボノボプロダクション

広告
大山 剛

デザイン
store inc.

発行所
株式会社 幻冬舎
〒151-0051
東京都渋谷区千駄ヶ谷 4-9-7
TEL　03（5411）6269（編集）
　　　03（5411）6222（営業）
振替　00120-8-767643

印刷・製本所
図書印刷株式会社

検印廃止
万一、落丁乱丁のある場合は送料小社負担でお取替致します。小社宛にお送り下さい。本書の一部あるいは全部を無断で複写複製することは、法律で認められた場合を除き、著作権の侵害となります。定価は表紙に表示してあります。

©GENTOSHA 2013　Printed in Japan
ISBN978-4-344-02496-0 C0095

幻冬舎ホームページアドレス　http://www.gentosha.co.jp/
本書に関するご意見・ご感想をメールでお寄せいただく場合は、
comment @ gentosha.co.jp まで。

AOKIホールディングス	P.6, 表3	東宝	P.14
イオン	P.18, P.42-43	トニーズコレクション	P.54
Cook Japan	P.53	長沼静きもの学院	P.34
倉敷紡績	P.30	ニューヨーカー	P.46
三陽商会	表4	フレックスジャパン	P.52
島田商事	P.56	ミューレ・ジャパン	P.38
ジム	P.55	ラグラックス信和	P.4
ジャガー・ランドローバー・ジャパン	P.2	レナウン	表2見開き
高見	P.22	YKK	P.26
帝人フロンティア	P.10		

ALL FOR Fashion.
Elements for the total fashion.
For the customers in world.

button_skull boutonniere

rose boutonniere

plate_button_cuff links

stopper_emblem_zipper pull

Wholesale , sewing accessories, and parts.
アパレル縫製資材の総合商社

SHIMADA SHOJI CO.,LTD.
www.hi-g.co.jp